J'AI RENCONTRÉ LE RUGBY

Fanolo Handford

Bonjour cher lecteur !

Prépare-toi à plonger dans une aventure où les règles du jeu sont réécrites. Aujourd'hui, on ne se contente pas de regarder le rugby, on va converser avec lui. Oui, tu as bien entendu : 'Le Rugby' en personne va nous révéler ses secrets. Imagine un monde où un sport peut parler, partager ses pensées, ses rires, et même ses coups de gueule. C'est exactement ce qui t'attend.

Nous allons le taquiner, le questionner, dévoiler ses opinions les plus tranchées, explorer ses débuts tumultueux et ses moments les plus intimes. De ses réflexions sur la culture culinaire à ses batailles mythiques sur le terrain, prépare-toi à une session de révélations sans précédent. Ce ne sera pas une simple interview ; ce sera un dialogue franc et direct, une chance unique de découvrir 'Le Rugby' comme jamais auparavant.

Oublie les échanges polis et prévisibles, ici, chaque question est une porte ouverte sur l'inconnu, et chaque réponse un saut dans le profond. On va rigoler, peut-être se choquer, et certainement apprendre quelque chose de nouveau. Alors, mets-toi confortable, tutoie ce sport comme un vieil ami, et laisse-toi entraîner dans une rencontre qui promet de bousculer tes perceptions et de te tenir en haleine à chaque tournant. Tu es prêt à ne pas décrocher ?Bien, car 'Le Rugby' est là, prêt à parler, et le jeu est sur le point de commencer. C'est parti pour une expérience qui va changer ta façon de voir ce sport passionnant et tout ce qu'il représente. Accroche-toi, ça commence maintenant !"

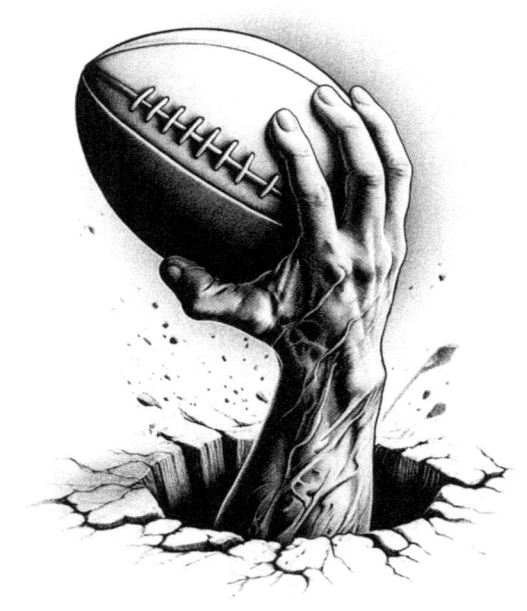

Salut, cher Rugby !

Aujourd'hui, tu es l'invité star d'une session qui risque de bousculer un peu les conventions. Oui, c'est ça, tu vas parler !! on va parler, Toi et moi, un vrai tête-à-tête. Enfin, façon de parler, parce que, entre nous, je vais pas mal m'accaparer la parole au début. Tu sais, c'est pas tous les jours qu'on a l'occasion de discuter avec un concept aussi colossal que toi. Alors, je vais en profiter pour poser les bases, histoire que tout le monde suive bien où on veut en venir.

Donc, le concept, c'est simple : c'est toi, dans toute ta splendeur, qui va nous révéler tes secrets. On va plonger dans les tréfonds de ta nature, découvrir ce qui te fait vibrer, tes passions, tes peines, et même, pourquoi pas, tes goûts en matière de musique et de cuisine. Pourquoi la cuisine ? Ah, parce qu'on veut savoir si au-delà de ces mêlées et de ces plaquages, il y a un gourmet qui sommeille en toi. Peut-être que derrière ces gros bras se cache un fin connaisseur de sushis ou un amateur de crème brûlée ?

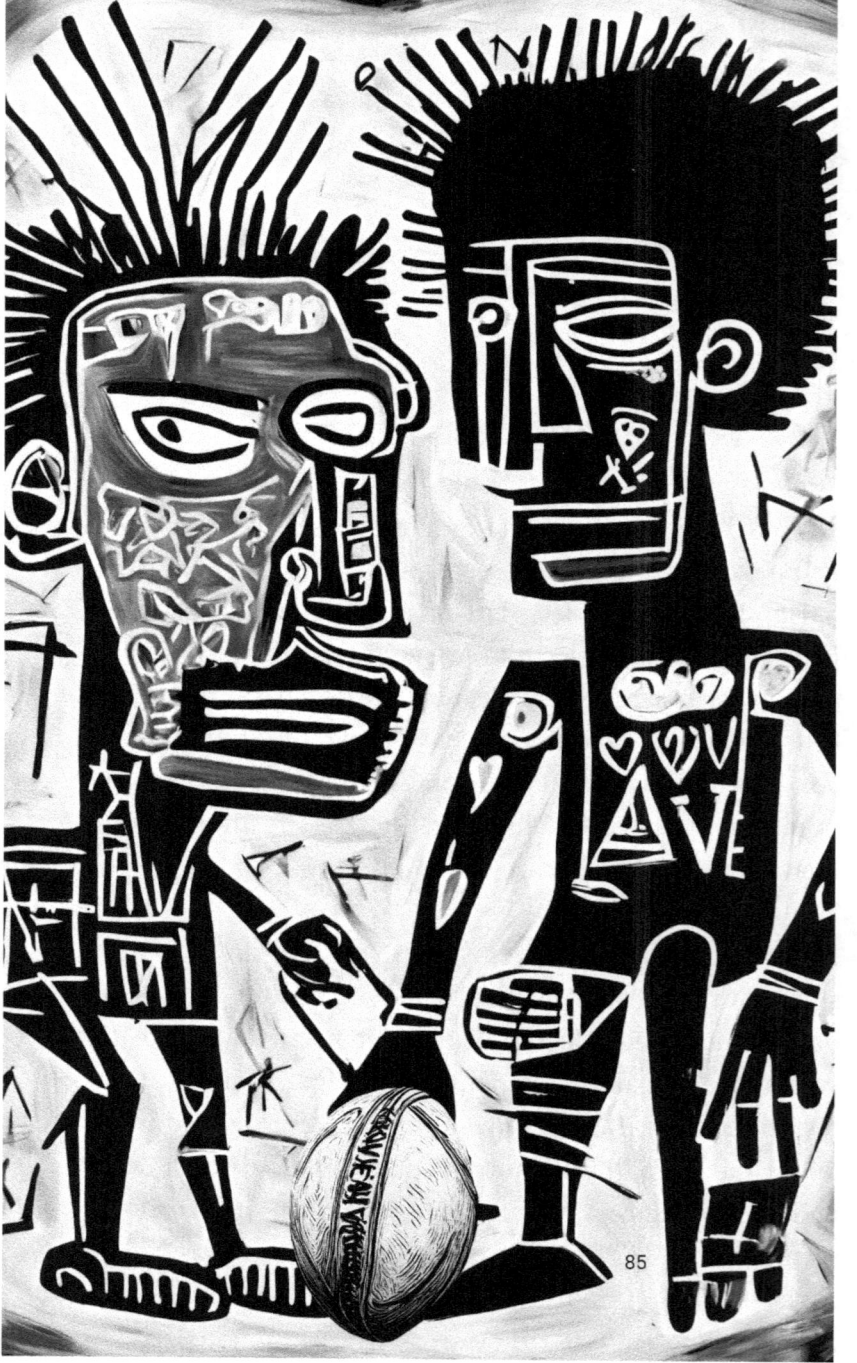

Le Rugby peut-il rire ?

Et puis, il y a cette question que tout le monde se pose : est-ce que le Rugby peut rire ? Est-ce que, dans l'effervescence de tes matchs, au milieu de la sueur et de la boue, il y a de la place pour l'humour ? Parce que, soyons clairs, certains de tes matchs ressemblent plus à une comédie burlesque qu'à une compétition sportive sérieuse. Oui, je parle de ces moments où un joueur se trompe et court dans la mauvaise direction, ou de ces essais manqués qui font rire même l'arbitre.

Mais parlons sérieux un instant – pas trop longtemps, promis. Ton influence est immense. Tu façonnes des caractères, tu testes des limites, tu inspires jeunes et moins jeunes à se dépasser. C'est beau, c'est grand, c'est... Rugby. Mais comment gères-tu cette responsabilité ? Est-ce un poids sur tes épaules, ou est-ce que, comme un bon vieux pilier, tu restes stoïque et inébranlable face à la pression ?

Ah, et avant que tu ne répondes – parce que oui, je vais te laisser parler, éventuellement – j'ai une dernière petite chose à ajouter. Tu as voyagé, non ? Vu des pays, rencontré des cultures... Comment cela influence-t-il ta vision du monde ? Est-ce que chaque pays joue au rugby à sa manière, ou est-ce que le jeu reste universel, un langage commun qui transcende les frontières et les cultures ?
Et pour finir, parlons de choses vraiment sérieuses. Si tu étais un animal, quel animal serais-tu ? Ne me dis pas un ours ou un taureau, c'est trop évident. Surprends-moi. Un animal qui symbolise vraiment l'essence du Rugby, avec toute sa complexité et ses nuances

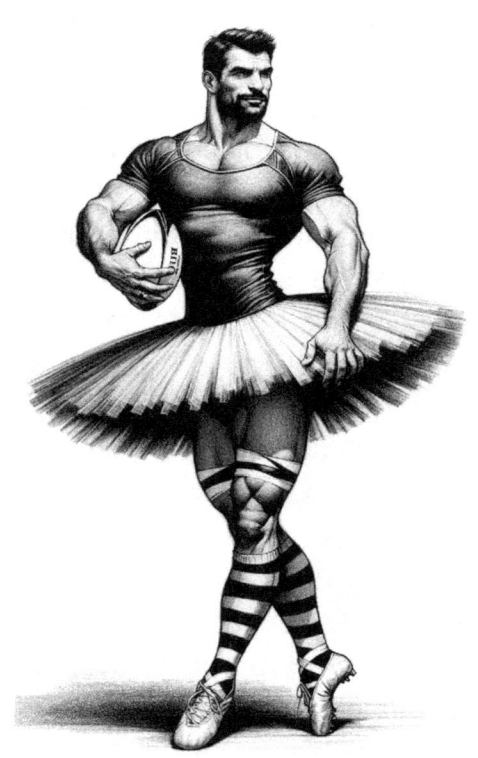

CHAPITRE 1 :
RENCONTRE ET RÉVÉLATIONS
Le Rugby

"Merci pour l'invitation, simple humain. Ah, tu es une vraie pipelette, n'est-ce pas ? Mais laisse-moi te dire quelque chose, quand on a autant de choses à dire que moi, il faut savoir écouter aussi. Alors, capte bien, parce que je vais te donner de quoi alimenter tes réflexions pour un bon moment.D'abord, laisse-moi clarifier quelque chose. Je ne suis pas juste un jeu, je suis une épreuve de la vie, un test de caractère. On parle souvent de force, de courage, de bravoure... Mais ce que les gens oublient, c'est que le Rugby, c'est aussi une danse. Une danse entre la stratégie et la spontanéité, entre la discipline et la liberté pure. Oui, la liberté dans chaque sprint, dans chaque évasion qui brise les lignes, dans chaque essai qui fait battre le cœur des foules. Tu me demandes si je ris ? Bien sûr que je ris. Je ris quand je vois l'adversité se transformer en opportunité, quand un jeune joueur dépasse ses peurs pour devenir un héros local, quand les vieux rivaux se tapent dans le dos après un match acharné.

Mais ne te méprends pas, je ris avec respect. Le respect de l'effort, de la douleur, du défi.

Et parlons de responsabilité. Crois-tu vraiment que je ne ressens pas le poids de chaque joueur qui se blesse, de chaque larme versée après une défaite ? Bien sûr que si. Mais c'est ce poids qui me rend grand, qui me rend nécessaire. Je ne suis pas ici pour offrir du réconfort ; je suis ici pour forger des guerriers, dans le corps et l'esprit. Quant à voyager, ah, je suis un citoyen du monde. Chaque pays, chaque ville, chaque village qui m'accueille ajoute une couche à mon armure, enrichit mon âme. Le rugby japonais ? Une leçon de précision et de respect. Le rugby fidjien ? Une ode à la joie et à la liberté. Chaque version de moi-même parle une langue différente, mais toutes ces langues chantent la même chanson : la chanson de la lutte, de la persévérance, de la communauté. Tu veux savoir si je serais un animal, quel animal je serais ? Je te dirais que je suis un dragon. Oui, un dragon. Pas juste pour la force et le feu, mais pour la sagesse, pour la longévité, pour la capacité à voir au-delà des montagnes, au-delà des défaites et des victoires éphémères. Pour voir le jeu dans son entièreté, dans sa beauté tragique et triomphante.

Alors, maintenant que je t'ai donné un aperçu de mon âme, qu'en dis-tu ? Es-tu prêt à entrer dans l'arène avec moi, à te mesurer à la vérité que je représente ? Parce que, crois-moi, jouer au rugby, c'est plus que jouer un sport. C'est embrasser la vie dans tout ce qu'elle a de plus réel, de plus cru, et, oui, de plus beau. Alors, oublie un peu tes questions et prépare-toi à vivre l'expérience. Parce que je suis ici, maintenant, et je suis prêt à te montrer ce que signifie vraiment le Rugby."

Fanolo Handford : Alors, Rugby, tu te la joues grand sage qui voit au-delà des montagnes maintenant ? C'est mignon. Mais dis-moi, pour quelqu'un qui prétend être un dragon, n'as-tu jamais craché de feu sur quelque chose que tu regrettes maintenant ?

Le Rugby : Ah, l'humour piquant ! J'apprécie, même si c'est de moi qu'il s'agit. Regretter ? Tu plaisantes, je suppose. Chaque action, chaque feu que j'ai pu cracher, c'était nécessaire. Un peu de brûlure pour forger l'esprit, tu comprends ? Bien sûr, il y a des moments où le feu a peut-être été un peu trop ardent, mais sans ces flammes, pas de transformation, pas de révélation.

Fanolo Handford: Transformation, révélation... Tu parles comme un gourou New Age vendant des tapis de yoga. Allons, Rugby, soyons sérieux une seconde. N'as-tu jamais pensé que tout ce combat, toute cette 'transformation' n'est peut-être que de la barbarie déguisée en poésie ?

Le Rugby : Barbarie déguisée en poésie, hein ? Voilà une façon bien cynique de voir les choses. Mais tu sais, derrière chaque plaquage, il y a une stratégie, une histoire. Je ne suis pas un barbare ; je suis un compositeur qui écrit des symphonies de collisions, des opéras de sueur et de terre.

Fanolo Handford : Symphonies de collisions ? Je suppose que Beethoven serait ravi de cette comparaison... Mais dis-moi, ô grand compositeur, quelle est la note que tu crains le plus ? Y a-t-il quelque chose qui peut faire trembler le grand Rugby ?

Le Rugby : Trembler ? Moi ? La seule chose qui me fait 'trembler', si on peut dire, c'est l'ignorance. L'ignorance de ceux qui ne voient pas au-delà des hématomes, qui ne comprennent pas le respect, le courage, et la fraternité que chaque match engendre. Cela dit, je préfère éclairer que trembler, mon cher.

Fanolo Handford : Éclairer, quelle noble mission ! Mais parlons un peu de tes méthodes d'illumination. On a vu des joueurs sortir du terrain plus cassés qu'ils n'y sont entrés. Est-ce là ton idée de l'éclairage ? Un peu brutal, non ?

Le Rugby : Brutal, mais efficace. Chaque fracture, chaque blessure enseigne quelque chose, sur soi-même, sur ses limites, sur sa propre résilience. Et n'oublie pas, chaque joueur sait à quoi s'attendre.

Ce n'est pas un secret que le rugby est un sport exigeant. Mais demandes-leur, demande à ceux qui jouent, s'ils changeraient quelque chose à l'expérience... à la gloire, à l'honneur, à la camaraderie. Ils te diront que non, absolument pas.

Fanolo Handford : Honorables réponses, Rugby. Mais tu sais, je me demande si...

Le Rugby : Ah, tu te demandes encore ? C'est bien, continue de te demander, continue de chercher. C'est ainsi que tu commenceras à comprendre, à apprécier ce que je suis vraiment. Et peut-être, juste peut-être, finiras-tu par voir au-delà de la boue et du sang, au cœur même de ce que signifie être une partie de moi.

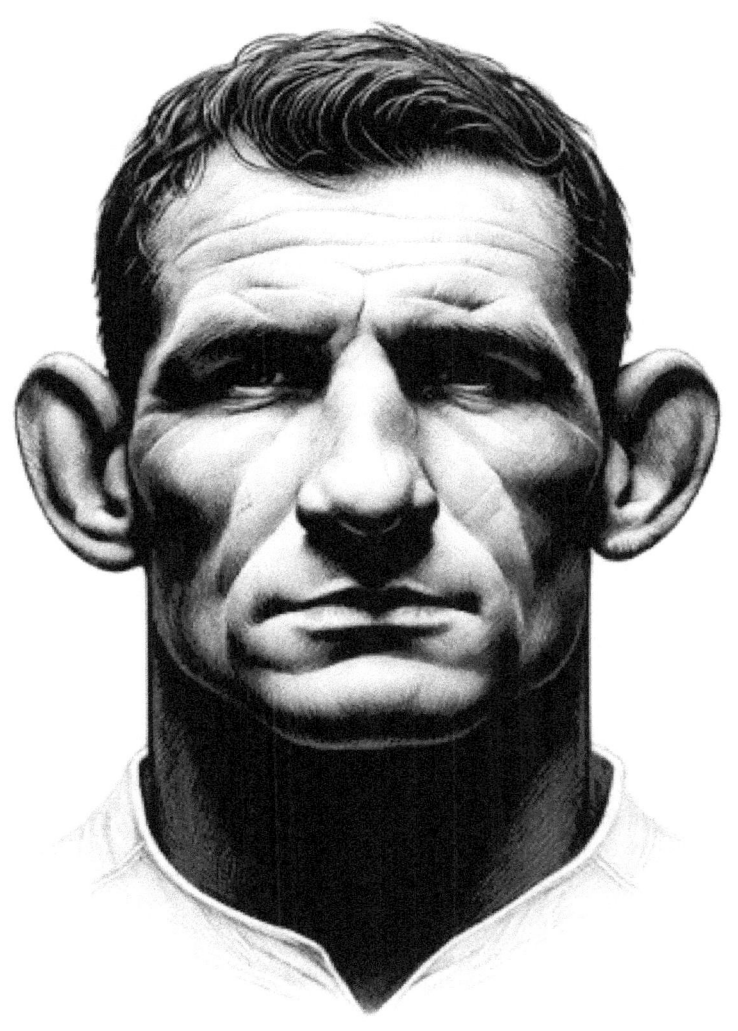

CHAPITRE 2 :
STRATÉGIE ET PASSION

Fanolo Handford : Alors, Rugby, tu te décris comme un mélange de force, de stratégie et de passion. Mais dis-moi, dans ce monde où l'humilité devient une vertu, pourquoi choisir d'être si... disons, plein de toi-même ?

Le Rugby : Oh, Fanolo, mon cher, l'humilité est pour ceux qui n'ont rien à offrir. Moi ? J'ai remodelé des nations, forgé des héros, et fait vibrer des cœurs par millions. Quand tu as autant impacté le monde que moi, on se permet un petit excès de confiance, tu ne crois pas ? C'est simple : je suis le meilleur dans ce que je fais. Sans moi, dimanches seraient d'un ennui... palpable.

Fanolo Handford : Impressionnant ! Et quel est ton regard sur les autres sports qui prétendent à une complexité similaire ? Disons, le football ou le basketball ?

Fanolo Handford : Impressionnant ! Et quel est ton regard sur les autres sports qui prétendent à une complexité similaire ? Disons, le football ou le basketball ?

Le Rugby : Ah, les petits frères... Écoute, chaque sport a son charme, j'imagine. Mais comparons ce qui est comparable. Le football ? Beaucoup de courses, un peu de théâtre quand ils tombent, tu sais ce que je veux dire. Le basketball ? Des sauts, des paniers. Amusant, mais où est la boue ? Où est le combat, le vrai ? Ils jouent à des jeux; moi, je livre des batailles. Je suis l'épopée, ils sont la bande dessinée.

Fanolo Handford : Une perspective assez... tranchée. Et face à la critique, notamment sur la brutalité du sport, comment réagis-tu ?

Le Rugby : Les critiques, ces doux êtres qui préfèrent observer du canapé ! La brutalité, disent-ils ? Je propose une catharsis, une manière de vivre pleinement, intensément. Ils parlent de violence, je parle de cathédrale humaine, d'art en mouvement. Chaque plaquage est un pinceau sur la toile de la vie. Si cela est brutal, alors que dire de la nature elle-même, où chaque créature lutte pour sa survie ?

Fanolo Handford : Poétique, à ta manière. Parle-nous de ton amour pour la compétition. Est-ce juste pour le spectacle, ou y a-t-il autre chose ? Le Rugby : La compétition est la mère de l'excellence, Fanolo. Sans elle, pas de progression, pas de défi, pas de transcendance. Je n'aime pas la compétition; je la respire. Chaque match est une chance de dépasser, de prouver, de vaincre non seulement l'adversaire,

, mais aussi nos propres limites. Spectacle ? Oui. Mais au cœur, c'est une quête, une quête de grandeur, de légende.

Fanolo Handford : Et finalement, Rugby, si tu devais te définir en un mot, quel serait-il ?

Le Rugby : Indispensable. Sans moi, le monde serait bien plus fade. Je suis le sel de la Terre, Fanolo. Et n'oublie pas, le sel... conserve, purifie, et relève. Tout comme moi..

Fanolo Handford : Rugby, tu te décris comme indispensable, presque divin. Mais n'est-ce pas un peu présomptueux ? Après tout, même le soleil se couche à l'horizon. Ne crains-tu pas que ton règne soit juste un feu de paille, que demain, tu ne sois plus aussi... pertinent ?

Le Rugby : Présomptueux ? Mon cher Fanolo, l'histoire du sport n'est pas écrite par les timides. Le soleil se couche, oui, pour renaître à l'aube. Et moi, comme le soleil, je suis éternel dans le cœur de mes fidèles. Un feu de paille ? Non, plutôt un brasier ardent qui réchauffe, qui éclaire, qui forge des caractères. Mes racines sont profondes, ancrées dans des générations de passionnés qui voient en moi bien plus qu'un jeu—une partie intégrante de leur identité, de leur culture.

Fanolo Handford : Des racines profondes, dis-tu, ancrées dans la tradition. Mais même les plus grands chênes peuvent tomber. La société change, les perceptions évoluent. Le rugby est brutal, souvent impitoyable. À l'ère de la sensibilisation aux commotions et autres blessures, comment justifies-tu cette brutalité ? N'est-ce pas un peu archaïque à notre époque ?

Le Rugby : Archaïque ? Fanolo, comprends-tu vraiment le terme ? Ce n'est pas parce qu'une chose est ancienne qu'elle n'est pas adaptée au présent. La brutalité que tu mentionnes, c'est le creuset où se forgent la résilience, le courage, la détermination. Chaque joueur qui entre sur mon terrain connaît les risques et les accepte—non par ignorance, mais par amour de ce que le jeu représente : un défi à soi-même, une quête de dépassement. Et oui, nous évoluons. Les règles s'adaptent, la sécurité s'améliore, mais l'essence reste. Elle doit rester, car sans elle, le rugby perdrait son âme.

Fanolo Handford : Parler d'âme dans un débat sur la sécurité... intéressant. Mais disons que tu es, pour ainsi dire, le maître d'une école de gladiateurs. Qu'enseignes-tu vraiment à tes élèves ? La gloire de la bataille, ou le respect de l'adversaire ? Et où place-tu la ligne entre l'honneur et la violence gratuite ?
Le Rugby : Une école de gladiateurs, Fanolo ? Une analogie colorée, mais inexacte. Mes 'élèves', comme tu les appelles, apprennent bien plus que la confrontation physique. Ils apprennent le respect profond de l'adversaire, car sans adversaire, point de match. Ils apprennent l'importance de l'esprit d'équipe, la solidarité, l'entraide—valeurs bien plus nécessaires dans notre monde que la simple capacité à 'gagner'. Quant à la ligne entre l'honneur et la violence, elle est tracée non par mes mains, mais par l'intégrité de ceux qui me pratiquent. Le vrai gladiateur n'est pas celui qui abat son adversaire, mais celui qui l'aide à se relever après le combat.

Fanolo Handford : Très noble de ta part, mais parlons pratique. Si demain, le monde décide que le rugby est trop risqué, trop violent, que feras-tu ? T'adapteras-tu à un monde sans plaquages, ou mourras-tu avec tes idéaux ?

Le Rugby : Mourir ? Le Rugby ne meurt pas, Fanolo. Il se transforme, il évolue, il s'adapte. Si le monde exige des changements, nous les examinerons, les évaluerons, et s'ils servent l'intérêt supérieur du sport et de ses valeurs, nous les adopterons. Mais abandonner la quintessence de ce que je suis ? Jamais. Je trouverai un chemin, car c'est ce que font les leaders, les véritables guides. Ils ne suivent pas le vent, ils le redirigent

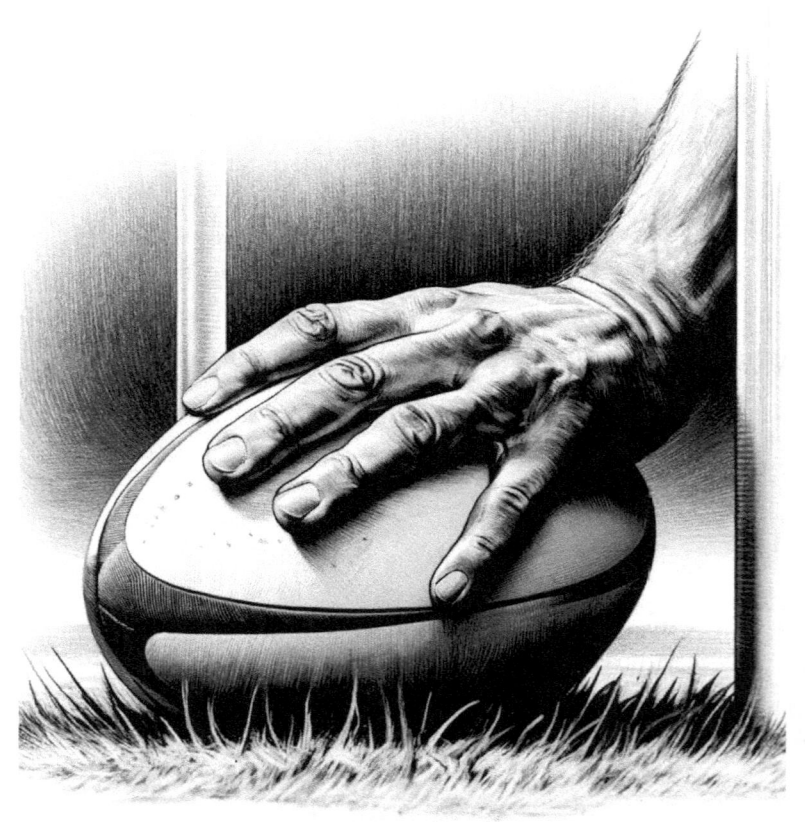

CHAPITRE 3 :
UN REGARD SUR LES ÉTOILES

Fanolo Handford : Rugby, au milieu de tous ces plaquages et de cette boue, as-tu jamais pris le temps de contempler les étoiles ? Je veux dire, un vrai amateur d'astronomie sommeille-t-il en toi, entre deux mêlées ?

Le Rugby : Les étoiles, Fanolo ? La seule constellation que je contemple, c'est celle des spectateurs dans les gradins, leurs yeux brillant de passion et d'excitation. Mais pour répondre à ta question, non, je ne m'évade pas dans les mystères de l'univers. Mon univers à moi, c'est le terrain, les lignes, la stratégie et la sueur. C'est là où je vis, où je respire.

Fanolo Handford : Fascinant, vraiment... Et en parlant de respiration, as-tu déjà envisagé le yoga ? Peut-être une petite séance pour calmer l'esprit après un match intense ?

Le Rugby : Yoga ? Fanolo, tu me vois, avec mes muscles et mes joueurs robustes, pratiquer le yoga ? Je ne suis pas contre un bon étirement, mais mon 'calme', je le trouve dans le rugissement de la foule, dans le choc des corps, pas dans le silence d'un tapis.

Fanolo Handford : D'accord, restons physique alors. La mode, Rugby. Quelle est ta position sur la haute couture ? Imagines-tu un jour des maillots dessinés par les grands noms de la mode ?

Le Rugby : La haute couture sur le terrain ? Ecoute, Fanolo, mes maillots sont faits pour résister, pour être tirés, étirés, ensanglantés. Ils sont conçus pour la bataille, pas pour le podium. Mais qui sait ? Peut-être qu'un jour, pour amuser la galerie, nous pourrions envisager quelque chose d'un peu plus... chic. Pour l'instant, cependant, je laisse la mode aux magazines et la sueur à mes joueurs.

Fanolo Handford : Très pragmatique. Et pour changer complètement de sujet, la littérature. Quel livre recommanderais-tu à tes fans ? Y a-t-il un roman qui symbolise l'esprit du rugby ?

Le Rugby : Un livre, hein ? Si je devais choisir, je recommanderais peut-être 'L'Art de la guerre' de Sun Tzu. Pas exactement un roman, mais chaque stratégie, chaque manœuvre que j'enseigne peut être trouvée dans ses pages. C'est le genre de lecture qui prépare mes joueurs non seulement à gagner des matches, mais à conquérir des défis dans toutes les sphères de la vie.

Fanolo Handford : Sun Tzu pour le rugby, voilà qui est original. Et pour terminer sur une note légère, si tu étais un plat, quel serait-il ? Et ne me dis pas un steak, s'il te plaît.

Le Rugby : Un plat, vraiment Fanolo ? Eh bien, je serais un plat énergétique, quelque chose de robuste et nourrissant... Disons, un bon cassoulet. Du lourd, du consistant, qui tient au corps et à l'âme, tout comme moi sur et hors du terrain.

Fanolo Handford : Dis, Rugby, si par une étrange magie tu devenais hôte plutôt que sport, et que tu devais organiser un dîner, dis-moi quel serait ton tableau de chasse ? Quels trois personnages, réels ou imaginaires, convoquerais-tu pour étaler ton savoir et ta grandeur, et quel festin servirais-tu pour impressionner ces illustres convives ?

Le Rugby : Fanolo, mon cher, je vois que tu t'amuses à tester ma capacité à divertir, pas seulement à dominer sur le terrain. Très bien, allons-y. Si je devais choisir des invités pour démontrer non seulement ma grandeur mais aussi mon inégalable finesse, ce serait un rassemblement digne des plus grands esprits et guerriers.

Premièrement, je ferais venir Winston Churchill. Un homme qui savait ce que c'est de mener dans la tourmente et d'inspirer une nation entière avec juste quelques mots bien choisis. Il pourrait certainement apprécier la combativité et l'endurance requises sur mon terrain de jeu.

Deuxièmement, Jules César. Un tacticien, un conquérant, qui comprenait mieux que quiconque comment les territoires sont gagnés et les batailles remportées. Entre deux bouchées, nous pourrions échanger des stratégies, et je pourrais même lui donner quelques conseils sur la gestion des rébellions.

Troisièmement, pour ajouter une touche de drame et de profondeur à la soirée, Lady Macbeth. Une femme de pouvoir, de manipulation et d'ambition. Sa présence ajouterait une dimension tout à fait fascinante à nos discussions sur la conquête et le pouvoir.

Quant au plat principal, ce serait un banquet de roi, évidemment. Un rôti de bœuf majestueux, accompagné de pommes de terre dorées et d'une sauce au vin rouge robuste, capable de ressusciter les morts. Un repas qui crie la puissance, l'audace et le triomphe, tout comme moi.

Fanolo Handford : Churchill, César et Lady Macbeth, un choix... disons, ambitieux. Tu ne crains pas que le dîner finisse en bataille plutôt qu'en banquet ? Et ce plat, aussi puissant soit-il, ne risque-t-il pas de faire de l'ombre à tes invités, ou c'est précisément ton intention ?

Le Rugby : Fanolo, je n'organise pas des dîners pour bercer mes invités dans la complaisance. Je les assemble pour défier, pour stimuler l'esprit autant que le palais. Quant à faire de l'ombre, s'ils ne peuvent supporter la chaleur de ma cuisine, alors ils n'ont rien à faire à ma table. Je suis le Rugby, après tout. Je suis le festin et le feu, le spectacle et le spectateur.

Fanolo Handford : Rugby, toi, avec tes plaquages et tes sueurs, parle-moi de romance. Oui, tu as bien entendu. Peux-tu, avec ta nature brutale, nous dire comment tu trouves la poésie dans ces moments où la boue et le sang se mêlent ? Il doit bien y avoir un vers ou deux cachés sous les crampons, non ?

Le **Rugby** : Fanolo, tu crois me piéger avec tes mots, mais la poésie est dans chaque instant que je vis. La romance, pour moi, n'est pas faite de doux baisers ou de mots susurrés au clair de lune. Non, ma romance est dans la passion brute, dans l'intensité d'un regard entre deux joueurs qui se comprennent sans parler, dans la solidarité de ceux qui luttent côte à côte pour une victoire commune. C'est là ma poésie, dans l'épreuve, dans l'effort, dans cette danse violente mais élégante sur le pré vert.

Fanolo Handford : Élégance violente, c'est donc ainsi que tu définis la beauté de ton sport. Et les grands matchs, ces finales où tout est en jeu, où les légendes se font et se défont, comment les vis-tu ? Sont-ils simplement des affrontements, ou y a-t-il quelque chose de plus... métaphysique dans ces confrontations ?

Le Rugby : Métaphysique ? Absolument. Chaque grande finale est un récit épique, un combat non seulement contre l'adversaire, mais contre soi-même. C'est un moment où chaque joueur est appelé à dépasser ses limites, à toucher au sublime. Et quand la victoire est enfin saisie, c'est une catharsis, Fanolo, une libération d'émotions si puissantes que même les dieux anciens s'en émouvraient. C'est là que réside la véritable poésie de mon essence, dans ces apothéoses où le corps et l'esprit sont poussés à l'extrême.

Fanolo Handford : Catharsis, apothéose... des mots lourds de sens pour des jeux de ballon. Mais dis-moi, Rugby, dans cette quête de gloire, le coût n'est-il pas trop élevé ? Les corps brisés, les espoirs anéantis, comment cela rime-t-il avec ta vision romantique ?

Le Rugby : Coût élevé, oui, mais nécessaire. Comprends-tu, Fanolo, que sans sacrifice, il n'y a pas de grandeur ? Chaque joueur sait ce prix, et pourtant, ils viennent, encore et encore. Pourquoi ? Parce qu'ils croient en la beauté de ce combat, en l'honneur qu'il y a à se lever même quand le corps crie d'arrêter.

C'est dans ce mélange de douleur et de triomphe que la véritable poésie de la vie se révèle, et c'est ce qui rend mon sport non seulement spectaculaire, mais essentiel.
Fanolo Handford : Essentiel... une belle façon de mettre un terme à notre ballet de mots. Rugby, tu as peut-être un cœur de poète, caché sous des couches de boue et de sueur.

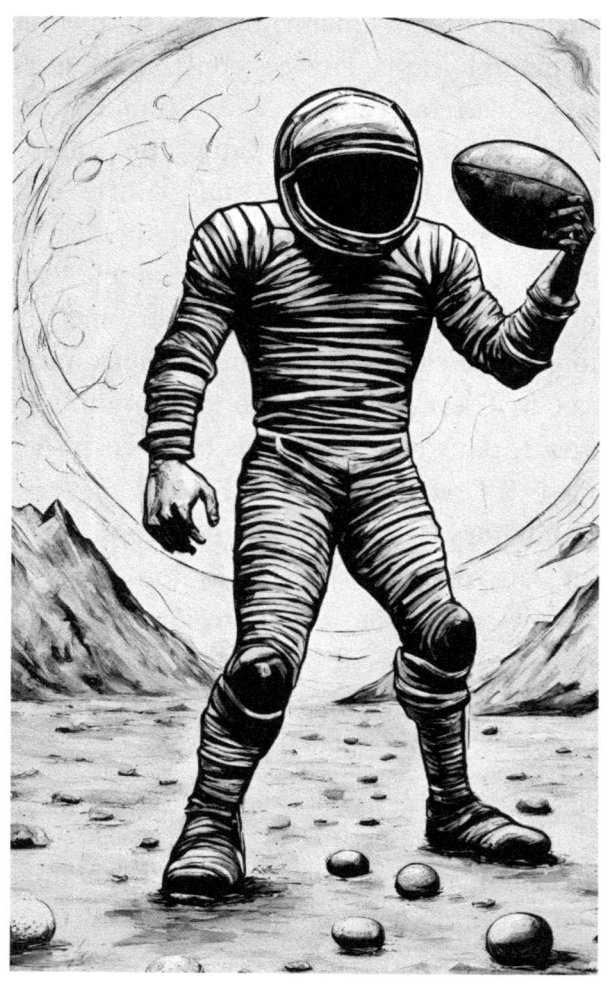

CHAPITRE 4 :

LES MÉLODIES DE LA VICTOIRE ET DE LA DÉFAITE

Bien, continuons sur cette veine poétique. Rugby, parle-nous des victoires. Quand le sifflet final retentit et que le trophée est soulevé, quelle est la mélodie qui joue dans ton cœur ? Est-ce un simple cri de guerre ou quelque chose de plus mélodieux, peut-être un opéra triomphant ?

Le Rugby : Fanolo, la victoire... elle a le goût du nectar des dieux, le son des plus grandes symphonies jamais composées. Chaque victoire est une harmonie de cris et de chants, de larmes et de rires. Ce n'est pas juste le trophée, comprends-tu, c'est la confirmation que tous les sacrifices n'étaient pas vains, que le pain de l'effort a porté ses fruits.

L'opéra n'est pas juste dans la victoire, mais dans toute la saison, chaque match est une note, et la finale, le crescendo qui fait battre les cœurs à l'unisson.

Fanolo Handford : Crescendo, donc. Et dans cette musique de triomphe, y a-t-il de la place pour la mélancolie ? Après tout, chaque saison finit, chaque héros laisse place à un autre. Comment le poète en toi gère-t-il cette éphémérité, cette constante réinvention ?

Le Rugby : Mélancolie, oui, elle a sa place dans ma symphonie. Chaque fin de saison est un adieu, un au revoir à une formation, à des moments qui ne reviendront jamais tout à fait de la même manière. Mais sais-tu, Fanolo, ce qui est magnifique avec la mélancolie ? Elle donne du poids à la joie, elle enrichit chaque victoire future. Et la réinvention, loin d'être un fardeau, est une bénédiction. Elle me permet de rester vivant, dynamique, toujours en avant, toujours prêt à accueillir de nouveaux héros, de nouvelles légendes.

Fanolo Handford : Un cycle éternel de joies et de peines... Rugby, ton monde est décidément plus profond qu'il n'y paraît. Parlons des fans. Ces milliers de personnes qui vivent et respirent avec tes montées et tes chutes. Quel est leur rôle dans ta pièce poétique ?

Le Rugby : Les fans, Fanolo, sont le chœur de cette grande tragédie grecque qu'est le rugby. Ils chantent, ils pleurent, ils exultent avec moi. Sans eux, que serait ma lutte ? Un arbre qui tombe dans une forêt déserte, sans témoin pour entendre le bruit. Ils sont mon écho, ma raison d'être. Leurs voix portent les joueurs vers des sommets inespérés, et dans leurs yeux, je vois mon histoire se refléter, se perpétuer. Ils ne sont pas juste spectateurs, ils sont partenaires de chaque mêlée, de chaque essai, de chaque plaquage.

Fanolo Handford : Partenaires dans la gloire et dans la douleur... Rugby, ton amour pour eux semble. inconditionnel. Alors dis-moi, dans les moments de défaite, quand les stades se vident et que les critiques fusent, où trouves-tu la force de continuer ? Est-ce que la poésie suffit encore ?

Le Rugby : Oh, les défaites... elles sont les vers sombres de mon poème, nécessaires, inévitables. Et oui, même alors, la poésie suffit. Elle doit suffire. Car chaque défaite écrit le prélude d'une future victoire, chaque critique forge le caractère nécessaire pour se relever. La force ? Elle vient de savoir que rien n'est final, que le match continue, que la prochaine mêlée pourrait être celle de la rédemption.

Fanolo Handford : Rugby, tu es décidément un poète, un philosophe avec un ballon ovale. Merci de nous avoir ouvert les pages de ton épopée personnelle, où chaque passe est une strophe et chaque match un chapitre.

Le Rugby : Merci à toi, Fanolo, d'avoir cherché à comprendre les vers cachés sous les plaies et la boue. C'est toujours un plaisir de révéler les nuances de mon âme, surtout à un interlocuteur aussi perspicace.

Fanolo Handford : Excuse-moi, mais on va continuer avec avec toi , ces échanges sont juste top....

Le Rugby : Mais il y prend goût le bougre, en même temps... bref, tu sais.. Je suis humble..

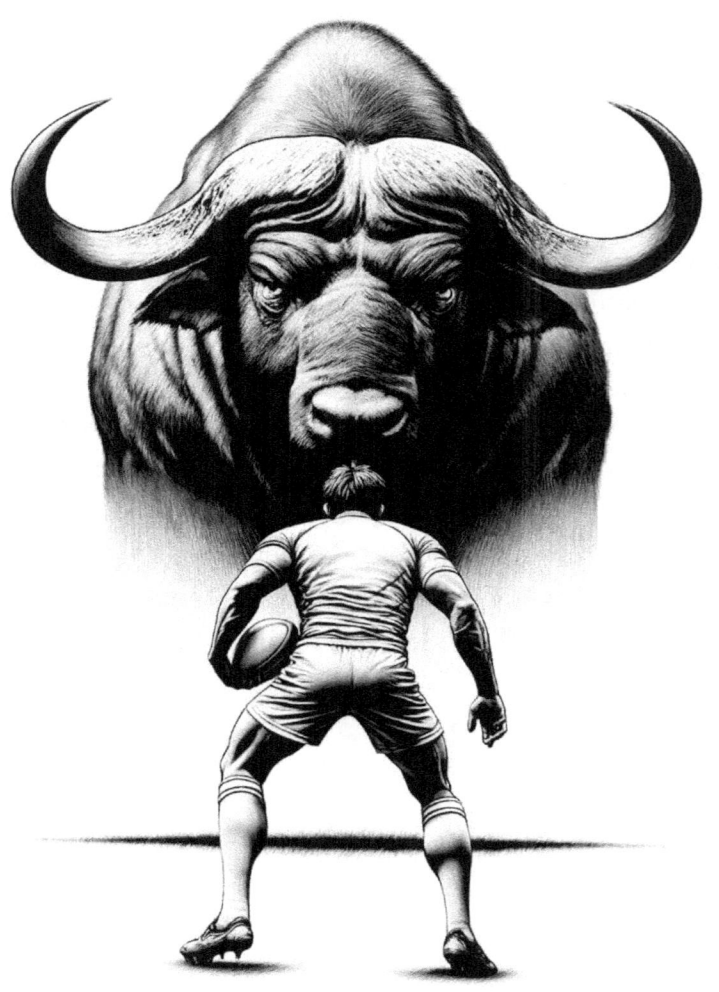

CHAPITRE 5:

LE SPARRING VERBAL

Fanolo Handford : Rugby, je te propose un **"Sparring Verbal"**, un concept que je viens de créer : l'arène où chaque question est un crochet du droit et chaque réponse un uppercut. Ce soir, tu vas devoir parer les coups avec autant de dextérité que sur le terrain. Alors, prépare-toi pour une joute verbale où seul le plus vif et le plus malin l'emportera. Sans plus tarder, entrons dans le vif du sujet avec notre gladiateur des mots, Rugby. Prêt pour le round ? Allons-y !

Fanolo Handford : Rugby, toi le pilier gauche, tu t'es retrouvé là parce que c'était ça ou rester coincé dans le canapé à regarder Netflix toute ta vie ?

Le Rugby : Tu dois être l'expert en stratégie de canapé, celui qui se perd dès qu'il y a plus de deux choix sur Netflix. Être pilier gauche, c'est un honneur et un art que tu ne comprendras jamais, coincé dans ton confort. Une carrière impressionnante de critique de série, j'imagine ?

Fanolo Handford : Rugby, toi le talonneur, quand tu lances le ballon en touche, tu vises délibérément les tribunes ou c'est juste ton talent naturel pour la maladresse ?

Le Rugby : Ah, Fanolo, tu crois vraiment que lancer en touche est à la portée de n'importe quel spectateur de tribunes ? Mon "talent naturel" comme tu dis, c'est de rendre chaque lancer inoubliable, contrairement à tes remarques qui se perdent dans l'écho du stade.

Fanolo Handford : Rugby, toi le pilier droit, comment tu fais pour maintenir l'équilibre avec un cerveau aussi léger et un corps aussi massif ?

Le Rugby : Tiens c'est amusant venant de quelqu'un qui perd son équilibre en soulevant une télécommande. Mon équilibre, c'est ce qui fait de moi une force redoutable sur le terrain. Ton corps, lui, doit être taillé pour les chaises longues.

Fanolo Handford : Rugby, toi le deuxième ligne gauche, ta contribution principale, c'est d'être grand, mais est-ce que ça aide vraiment quand tu as la coordination d'un flamant rose bourré ?

Le Rugby : Tu devrais savoir qu'être grand sur le terrain, c'est plus qu'un avantage physique. C'est un atout stratégique, bien plus utile que tes analogies bancales. La prochaine fois, essaie de coordonner tes pensées avant de parler.

Fanolo Handford : Rugby, toi le deuxième ligne droite, t'as choisi ce poste pour éviter de trop réfléchir ou c'est juste que t'as jamais trouvé la sortie du vestiaire ?

Le Rugby : La sortie du vestiaire, c'est facile à trouver pour moi. Mais toi, sortir de ta zone de confort semble être un défi insurmontable. Mon poste exige réflexion et stratégie, des concepts qui te sont visiblement étrangers.

Fanolo Handford : Rugby, toi le troisième ligne aile côté ouvert, polyvalent ça veut dire que tu es nul partout mais pas assez pour qu'on te vire, c'est bien ça ?

Le Rugby : Ah, Fanolo, polyvalent, ça veut dire être indispensable à chaque instant du jeu. Contrairement à toi, qui n'arrive même pas à jongler avec deux idées à la fois. Mon rôle est essentiel, ton opinion, nettement moins.

Fanolo Handford : Rugby, toi le troisième ligne centre, tu passes plus de temps à gratter le ballon ou à gratter ta tête en te demandant pourquoi tu n'as pas choisi un sport où on réfléchit moins ?

Le Rugby : Gratter le ballon, c'est une question de talent et d'instinct. Gratter ma tête ? Jamais. Réfléchir est une partie intégrante de ce sport. Toi, par contre, tu devrais peut-être réfléchir avant de parler, ça t'éviterait de dire des bêtises.

Fanolo Handford : Rugby, toi le troisième ligne aile côté fermé, stabiliser la mêlée, c'est une belle façon de dire que tu sers de paravent pour cacher les vrais joueurs, non ?

Le Rugby : Stabiliser la mêlée, c'est assurer la victoire. Mon rôle est crucial, comme la clé de voûte d'une arche. Ton commentaire, par contre, est aussi stable qu'un château de cartes.

Fanolo Handford : Rugby, toi le demi de mêlée, coordonner le jeu, c'est surtout crier des instructions confuses en espérant que personne ne se rende compte que tu es complètement paumé, n'est-ce pas ?

Le Rugby : Crier des instructions, c'est orchestrer la symphonie du match. Paumé, moi ? Jamais. C'est plutôt toi qui sembles perdu dans tes propres questions. Mon rôle est de guider, le tien semble être de tâtonner.

Fanolo Handford : Rugby, toi le demi d'ouverture, prendre des décisions stratégiques en pleine course, c'est pour compenser le fait que tes décisions en dehors du terrain sont aussi pertinentes qu'un poisson hors de l'eau ?

Le Rugby : Fanolo, prendre des décisions stratégiques en pleine course, c'est ce qui fait de moi un maître du jeu. Tes décisions, elles, ressemblent à un poisson hors de l'eau, justement. Mon instinct sur le terrain est infaillible, contrairement à ta logique.

Fanolo Handford : Je n'ai pas été tendre avec toi, et tu t'es bien défendu pour ta première interview.

Le Rugby : Fanolo, les moustiques, ça ne me fait pas peur, et bim !!

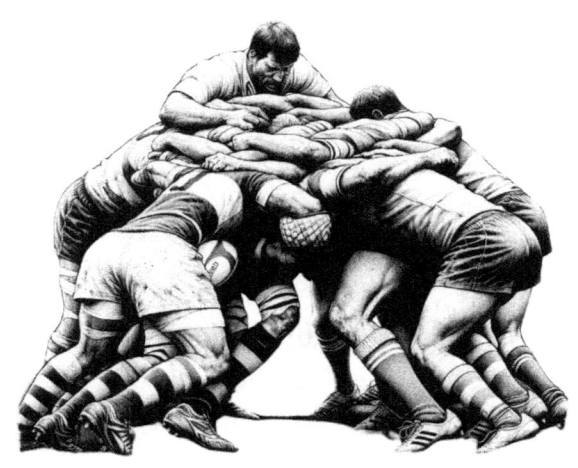

CHAPITRE 6:

L'ESPRIT DU RUGBY

Fanolo Handford : Allons-y, on enchaîne !!
Rugby, imaginons un petit jeu : tu as le pouvoir de changer une règle dans ton monde sacré du plaquage et de la sueur. Mais attention, il y a un prix à payer. En échange, tu dois adopter une règle du ballet classique, oui, tu as bien entendu, du ballet. Alors, quelle règle changerais-tu et quelle pirouette réglementaire du ballet t'inviterais-tu à danser ?

Le Rugby : Fanolo, voilà une proposition pour le moins... inattendue. Changer une règle ? Je pourrais imaginer réduire la durée des mi-temps pour intensifier l'action, rendre chaque minute encore plus précieuse, chaque seconde plus décisive. Quant à emprunter au ballet, à cette danse si éloignée de mes terrains boueux et ensanglantés, il faut bien admettre qu'il y a une grâce dans le ballet que même le rugby le plus brutal pourrait envier.

Imagine, si tu veux, introduire l'équilibre et la précision du ballet dans le rugby. Peut-être pourrions-nous adopter la règle de la 'pose', où chaque joueur, après un essai, devrait exécuter un geste de célébration inspiré par la danse classique. Un petit saut élégant, un équilibre sur un pied, quelque chose qui ajoute une touche de finesse au fracas des corps. Ce serait amusant, n'est-ce pas ? Un choc des cultures, un spectacle pour les yeux, ajoutant une dimension inédite à notre sport déjà riche.

Fanolo Handford : Un saut élégant après un essai, voilà qui changerait des habituelles tapes musclées et des cris guerriers. Rugby, tu me surprends, et quelque part, j'admire cette ouverture d'esprit. Mais dis-moi, ne crains-tu pas que tes fidèles voient cela comme une trahison de l'esprit du rugby, cette virilité rugueuse qui est la marque de ton sport ?

Le Rugby : Trahison ? Non, Fanolo. C'est une évolution. Le rugby, comme toute chose vivante, doit évoluer, s'adapter. Et qui a dit que la virilité ne pouvait pas comporter une part de grâce et de beauté ? Je refuse de croire que mes fidèles soient si étroits d'esprit qu'ils ne puissent pas apprécier un peu de nouveauté, surtout si elle enrichit le spectacle. Après tout, le rugby est un théâtre, et dans tout bon théâtre, il y a toujours place pour un peu de drame et de poésie.

Fanolo Handford : Théâtre, poésie, ballet... Rugby, tu continues de m'étonner avec tes métaphores. Tu n'es décidément pas qu'un sport de brutes. Peut-être y a-t-il un artiste caché sous ces maillots élimés et ces crampons boueux.

Le Rugby : Petite parenthèse Fanolo, quand on parle de l'art caché sous les maillots et les crampons boueux, comment ne pas penser à des figures comme Vincent Moscato ? Ancien rugbyman de l'équipe de France, connu pour sa force sur le terrain et son caractère bien trempé, Moscato a su transformer l'énergie brute du rugby en un art de la scène et de l'humour. Aujourd'hui, il anime une émission radio où il combine sa passion pour le sport et son talent pour l'humour de manière déjantée.

Vincent incarne parfaitement cette dualité artistique du rugbyman : sur le terrain, il n'était pas un tendre, jouant chaque match avec un esprit combatif, presque sanguin. Mais hors du terrain, il a su canaliser cette énergie dans une carrière humoriste, prouvant que les rugbymen peuvent aussi être des artistes, des conteurs, des humoristes. Son parcours est un bel exemple de la richesse et de la diversité que peut offrir notre sport, non seulement en tant que compétition, mais aussi en tant que plateforme d'expression personnelle et créative.

Revenons à notre ballet cher Fanolo. Après tout, chaque plaquage est une forme d'art, chaque match une performance. Nous jouons tous sur la grande scène de la vie, n'est-ce pas ? Et si je peux y ajouter un peu plus de beauté, pourquoi pas ? Ballet ou pas, le rugby restera toujours le rugby, passionné et impétueux. Mais un peu plus gracieux, ça, je ne dis pas non.

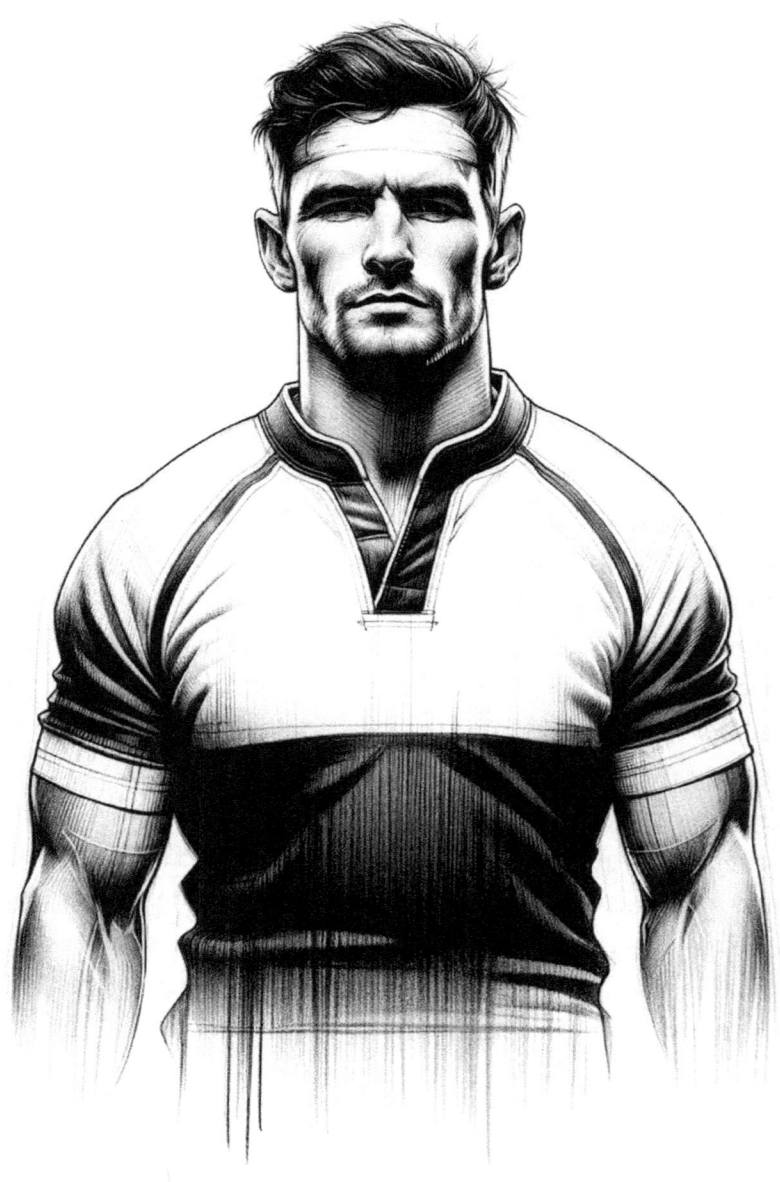

CHAPITRE 7

LA POÉSIE DU RUGBY

Fanolo Handford : Rugby, changeons de registre un instant. Joe Dassin, un nom qui évoque peut-être moins la boue des terrains que les terrasses ensoleillées de Paris. Alors, dis-moi, est-ce que tu aimes bien Joe Dassin ? Si oui, pourquoi ce chanteur trouve-t-il grâce à tes yeux ? Et si non, quelles sont tes raisons ?
Le Rugby : Joe Dassin, Fanolo ? Voilà bien une question inattendue venant de toi. Eh bien, pourquoi pas ? La musique de Joe Dassin, avec ses mélodies douces et ses paroles qui parlent de la vie, de l'amour, et parfois de la mélancolie, oui, je pourrais dire que j'apprécie.
Elle a cette qualité universelle, un peu comme le rugby, non ? Elle rassemble les gens, crée des moments de partage, des souvenirs. "Les Champs-Élysées",

"L'Été indien" ce sont des chansons qui, à leur manière, célèbrent la joie de vivre. Et dans ce monde parfois trop sérieux, trop brutal, qui n'a pas besoin d'un peu de légèreté, d'un refrain entraînant pour échapper aux pressions, même momentanément ?

Fanolo Handford : Et si ce n'était pas le cas ? Si tu ne l'aimais pas, quelles seraient tes raisons ?

Le Rugby : Sérieux t'as des questions toi !!
Si je ne l'aimais pas, ce serait peut-être parce que son style contraste trop avec l'intensité et la rugosité du rugby. Ses chansons, bien que charmantes, manquent de cette force brute, de cet esprit de combat que l'on retrouve dans un bon match. Elles évoquent la douceur, les promenades, les amours d'été, tandis que le rugby est une tempête d'automne, une lutte dans la boue. Mais, voyons, même dans la tempête, ne cherche-t-on pas un moment de répit, une mélodie rassurante pour calmer les esprits avant la prochaine bataille ?

Fanolo Handford : Bien dit, Rugby. Il semble que même un sport aussi dur que le tien puisse trouver une place pour un peu de douceur. Après tout, même les guerriers ont besoin de paix, n'est-ce pas ?

Le Rugby : Absolument, Fanolo. Même les guerriers chantent parfois, même s'ils préfèrent souvent le cri de guerre au refrain doux. Mais ne sous-estime jamais le pouvoir d'une bonne chanson pour unir les cœurs, même ceux endurcis par les plaquages et les mêlées.

Fanolo Handford : Alors, restons sur le thème musical un peu plus longtemps. Dis-moi, Rugby, quel est ton style de musique de prédilection ? Et entre nous, sois franc : les chants de la troisième mi-temps c'est pas un peu relou parfois ? Je dis ça, je dis rien, mais on a parfois l'impression d'un disque rayé, non ?

Le Rugby : Toujours à chercher la petite bête, n'est-ce pas ? Mon style de musique, voyons... Je suis un peu comme une mêlée : éclectique, intense, variée. J'aime les rythmes qui galvanisent, qui poussent les homme

et les femmes à se surpasser, à trouver en eux cette étincelle de combat. Rock puissant, hip-hop provocateur, ou même un bon vieux chant traditionnel qui soulève les stades. Voilà ce qui résonne avec l'esprit du rugby.

Quant aux chants de la troisième mi-temps, relou ? Jamais, Fanolo ! C'est l'essence même du rugby, cette camaraderie, ce partage après l'effort. Ces chants, ces hymnes que tu trouves peut-être répétitifs, sont des liens qui unissent les joueurs, les fans, les générations. Ils racontent des histoires de victoires, de défaites, de fraternité. Et si tu n'y vois qu'un disque rayé, peut-être n'as-tu jamais vraiment écouté, mon cher. Peut-être n'as-tu jamais senti cette fraternité, ce lien indéfectible qui se forge dans ces moments, au-delà de la fatigue, au-delà de la sueur.

Fanolo Handford : Un lien indéfectible, hein ? Touchant, vraiment. Bon ben dis-moi, Rugby, ces liens, cette fraternité... ne sont-ils pas un peu trop idéalisés ? Après tout, dans le feu de l'action, sous les projecteurs, il y a des coups bas, des trahisons. Comment concilies-tu cette image d'unité avec la réalité parfois plus brutale du terrain ? Le Rugby : Fanolo, tu touches à la dualité même de mon être. Oui, le terrain est un champ de bataille et oui, il peut y avoir des coups bas,

, des moments où l'animalité prend le dessus sur l'esprit sportif. Mais c'est là que tu te trompes, mon ami. Ces moments de faiblesse ne définissent pas le rugby. Ce qui le définit, c'est la capacité de ces hommes et femmes à se relever, à se serrer la main, à chanter ensemble une fois la bataille terminée. La perfection n'est pas de ce monde, Fanolo, et le rugby n'est pas un conte de fées. C'est un reflet brut, parfois dur, souvent magnifique, de la vie elle-même.

Fanolo Handford : tu m'as appelé ami ?? étrange !! Moi simple humain !!

Le Rugby : Petit Fanolo, peut-être un lapsus révélateur de ma part ? Ne prends pas cela trop à cœur. Dans l'arène du débat comme sur le terrain, ceux qui s'opposent et se défient peuvent aussi partager un respect mutuel, une forme de camaraderie, même s'ils ne sont pas toujours d'accord. Alors oui, peut-être 'ami' est un terme trop doux pour notre joute verbale, mais n'est-ce pas le signe d'une estime, d'une reconnaissance de ta capacité à pousser le débat, à creuser là où ça fait mal ? Et après tout, n'est-ce pas là une forme d'amitié, dans notre monde où chaque mot compte et chaque phrase peut être un plaquage ?

Fanolo Handford : "Chaque phrase est peut-être un plaquage et chaque mêlée est un câlin ?"

Le Rugby : Ha, bien tourné, Fanolo ! Chaque mêlée un câlin, dis-tu ? C'est une façon poétique de voir les choses. Mais oui, dans un sens, chaque mêlée est un câlin, un câlin robuste, peut-être le plus robuste que tu puisses imaginer. C'est là où les joueurs se lient, se soutiennent mutuellement dans l'effort, où ils se-

rassemblent pour faire face à l'adversité. Il y a une intimité dans la mêlée, une proximité forcée qui nécessite confiance et coordination. C'est brut, c'est direct, mais au fond, n'est-ce pas ce que nous cherchons tous ? Un lien solide, un soutien inébranlable, même dans la boue et sous la pression.

Fanolo Handford : Intimité dans la mêlée, câlins robustes... Rugby, tu as le don de rendre le combat presque tendre. Mais dis-moi, cette poésie de la proximité, cette solidarité forcée, est-elle le reflet de la réalité, ou simplement une belle image que tu nous vends là ? Peux-tu vraiment dire que dans le feu de l'action, ces moments ne sont pas plutôt des luttes pour la domination, des tentatives de soumission plutôt que des gestes de soutien ?

Le Rugby : Fanolo, tu plonges au cœur de la dualité du rugby. Oui, la mêlée est une lutte, une bataille pour la domination, mais quelle bataille n'est pas aussi un acte de solidarité entre camarades ? Même dans le combat le plus féroce, il y a une entente, un accord tacite que chacun fait sa part. C'est cette complexité, cette coexistence de la compétition et de la coopération, qui fait la richesse du rugby. Oui, nous luttons pour la domination, mais nous le faisons ensemble, en tant qu'unité, en tant que famille élargie sur le terrain. C'est là que réside la beauté de ce sport, dans cette tension entre le conflit et la communion. Fanolo Handford : Hey la famille, Rugby ! À t'écouter, on dirait presque que le rugby transcende les liens du sang, qu'il se pose en substitut familial. Allons, redescendons sur terre ! Je respecte ton enthousiasme, Rugby, mais c'est un sport,

« l'ami », pas une fratrie de substitution. Peux-tu sérieusement prétendre que le rugby peut remplacer un père, une mère, des frères et sœurs de chair et de sang ? Ne me fais pas avaler ça. Alors, éclaire-moi, Rugby, peut-on vraiment confondre les plaquages et les passes avec les liens qui unissent une vraie famille ?

Le Rugby : Fanolo, ta question me pique, et je dois dire, c'est bien joué. Je comprends ton scepticisme, vraiment. Non, le rugby ne peut pas remplacer la famille au sens traditionnel du terme. Bien sûr que non. Un ballon ne remplace pas un parent, et un plaquage n'équivaut pas à un câlin maternel. Mais laisse-moi te dire ceci : pour beaucoup, le rugby offre quelque chose d'essentiel que parfois, même une famille ne peut fournir. Il s'agit de camaraderie, de soutien mutuel, d'une épaule sur laquelle s'appuyer quand les temps sont durs.

Dans ce sens, oui, le rugby peut parfois sembler être une famille. Sur et hors du terrain, il forge des liens forts, nés de la confiance et de l'épreuve partagée. Ces liens peuvent parfois se sentir aussi profonds que ceux du sang. Il ne s'agit pas de remplacer une famille, mais d'offrir un espace où l'on peut trouver de la compréhension, du soutien, et oui, de l'amour, d'une forme différente. Est-ce si difficile à croire que dans les moments de défi, sous la pression intense du jeu, ces liens puissent devenir incroyablement forts ?

Le rugby, comme toute grande passion partagée, crée une famille de choix, une communauté. Et pour certains, c'est aussi vital, aussi nourrissant qu'une famille de sang. Peut-être que pour toi, Fanolo, c'est juste un sport, mais pour d'autres, c'est un réseau de sécurité, un lieu de croissance personnelle, une partie essentielle de leur identité. Peut-être est-ce cela, le véritable pouvoir du rugby et de tout sport qui rassemble les gens avec tant de force.

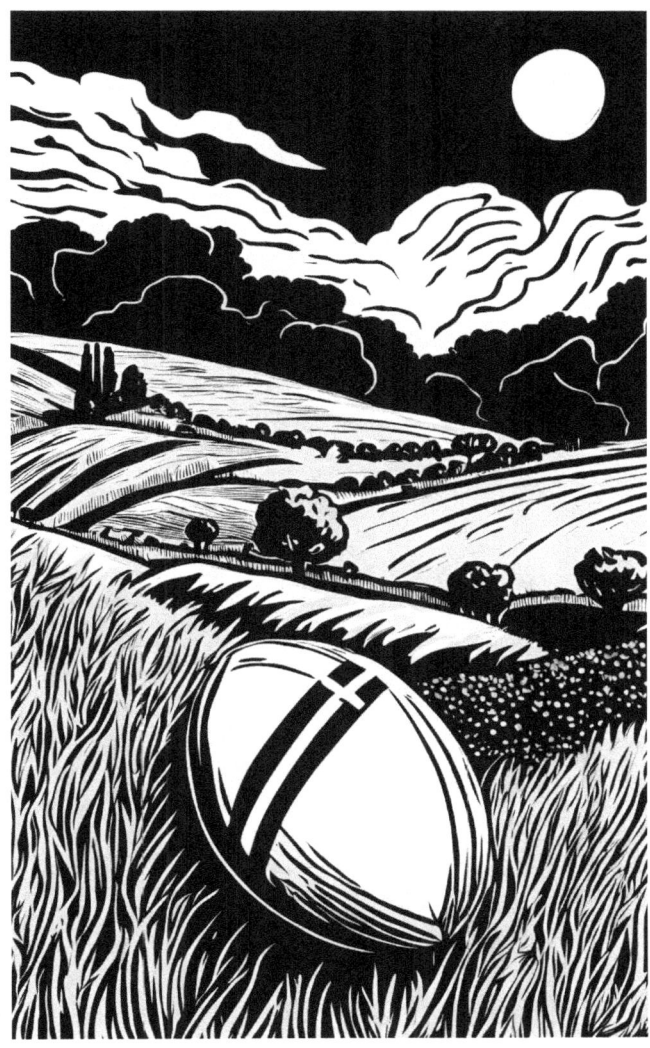

CHAPITRE 8

L'ESSENCE DU RUGBY

Fanolo Handford : Allons, Rugby, parlons un peu d'amour et de séduction. Pourquoi diable tes joueurs, même ceux avec des figures bien amochées, affichent-ils une assurance qui ferait pâlir un mannequin de chez Vogue ? C'est fascinant. Ils déambulent avec une confiance en acier, aucun complexe, aucun doute. Et il y en a de toutes les tailles et de tous les styles : des petits, des pas très beaux, des fins, des gros, et même quelques beaux gosses. Mais tous, sans exception, rayonnent cette assurance incroyable. Dis-moi, tu les prépares comment ? Il y a un secret dans leur régime, une potion magique dans leur gourde ?

Le Rugby : Beau, Fanolo ? Disons que je ne me conforme pas aux canons classiques de la beauté. Je suis plus le type rugueux, celui qui porte fièrement ses cicatrices, ses ecchymoses comme des médailles d'honneur. Beau dans le sens traditionnel ? Peut-être pas. Mais beau dans l'essence de ce que je représente ? Absolument.

Je suis la beauté de la lutte, la grandeur de l'esprit de compétition, la majesté de la persévérance. Je suis le reflet du triomphe humain contre l'adversité, la révélation de ce que les hommes et les femmes peuvent accomplir quand ils sont poussés à leurs limites. C'est là que réside ma beauté, Fanolo. Pas dans une symétrie parfaite ou dans une allure soignée, mais dans l'intensité, dans le drame, dans la passion pure qui émane de chaque match.

Alors oui, je me trouve beau, mais à ma manière. Une beauté féroce, indomptable, celle qui inspire, qui transcende, qui pousse les gens à se rassembler et à célébrer non seulement le sport, mais aussi la vie elle-même.

Fanolo Handford : Rugby, Ils sont marrants tes parents ?

Le Rugby : Mes parents, Fanolo ? Ok, tu veux parler de mes origines, de ceux qui ont donné naissance à ce sport énergique et passionné. Eh bien, si on considère l'Angleterre comme ma mère, avec ses règles strictes et sa structure organisée, et la tradition gaélique, peut-être, comme mon père, pour son esprit plus sauvage et spontané, alors oui, on pourrait dire qu'ils sont plutôt intéressants, voire amusants à leur façon.

Ma "mère" anglaise a toujours aimé l'ordre et la discipline, elle a façonné les règles, donné le cadre nécessaire pour que le jeu puisse se développer de manière structurée. Et mon "père" gaélique, avec ses jeux anciens pleins de tumulte et de frénésie, a injecté cette passion, cette intensité brute qui rend le rugby si captivant. Ils ont chacun leurs particularités, leurs excentricités même, qui, combinées, ont donné naissance à un sport qui est à la fois ordonné et sauvagement passionné. Alors oui, ils sont marrants, dans le sens où ils ont chacun contribué à ces aspects parfois contradictoires de ma personnalité. Et c'est cette fusion d'ordre et de passion qui fait que le rugby, mon cher Fanolo, est plus qu'un simple jeu : c'est une véritable célébration de la vie.

Fanolo Handford : Rugby, une minute ! Tu as un talent exceptionnel pour ramener chaque question à toi-même, comme si l'univers tournait autour de ton ballon ovale. C'est fascinant, mais essayons autre chose. Si on parlait des vraies personnes, pas juste des concepts et des traditions. Dis-moi, tes 'parents', comment les vois-tu vraiment influencer le jeu aujourd'hui ? Ne sont-ils pas un peu dépassés avec toutes les évolutions modernes ?

Le Rugby : Dépassés, Fanolo ? Jamais ! Les fondations, même anciennes, sont ce qui soutient tout édifice, y compris le rugby. Mais allons-y, débattons, puisque tu sembles vouloir sortir les griffes aujourd'hui.

Fanolo Handford : Sortir les griffes ? Ok, c'est juste un échauffement, mon cher. Je cherche juste à creuser un peu plus profondément, à voir si le rugby peut vraiment se regarder dans un miroir sans frémir. Alors, réponds-moi, ces traditions, ne limitent-elles pas parfois l'innovation ?

Le Rugby : Frémir ? Moi ? La seule chose qui me fait frémir, c'est la timidité face au changement.

Les traditions ne sont pas des chaînes, Fanolo, elles sont des tremplins. Oui, nous respectons nos racines, mais nous ne sommes pas aveugles face à la nécessité d'évoluer, de s'adapter. C'est un équilibre, comprends-tu ? Un équilibre entre honorer ce qui nous a été transmis et oser innover.

Fanolo Handford : Un tremplin, hein ? Permets-moi d'en douter parfois. On voit bien comment certains 'puristes' peuvent être réticents face à des règles qui protègeraient mieux les joueurs, par exemple. N'est-ce pas là un exemple où les racines semblent plutôt enraciner le sport dans le passé ?

Le Rugby : Réticents ? Peut-être. Mais n'oublie pas que chaque grand changement doit être mesuré, réfléchi. Nous ne pouvons pas simplement balayer des siècles de tradition pour un caprice de modernité. Cela nécessite du dialogue, de la persuasion, de l'engagement de tous les acteurs du sport. Et c'est là que je brille, Fanolo. Je suis le débat, la discussion, le conflit qui finit par unir, pas diviser.

Fanolo Handford : Unir, pas diviser ? Belle rhétorique, Rugby. Dis-moi, dans ton idéal d'unité, où places-tu la diversité ? Le rugby est-il vraiment ouvert à tous, ou est-ce juste un club fermé pour certains profils 'traditionnels' ?

Le Rugby : Un club fermé ? Regarde autour de toi, Fanolo. Regarde les différentes nations qui adoptent et adaptent le rugby. Des îles du Pacifique à l'Europe, des Amériques à l'Asie, le rugby se joue et se vit avec passion et diversité.

Chaque joueur apporte sa couleur, sa culture, enrichissant le jeu. Le rugby n'est pas un club fermé ; c'est un monde ouvert.

Fanolo Handford : Un monde ouvert, vraiment ? Alors, pourquoi certains joueurs se sentent encore à l'écart, pourquoi certaines histoires ne sont-elles pas entendues ?

Le Rugby : Parce que, comme dans tout aspect de la société, il y a toujours des défis à relever, des barrières à briser. Je ne prétends pas être parfait, Fanolo, mais je travaille à devenir meilleur, plus inclusif, plus accueillant. C'est un travail en cours, un match qui n'est jamais vraiment fini.

Fanolo Handford : Un match sans fin... Espérons que ce match mène à plus de victoires pour tous, et non seulement pour quelques-uns. Rugby, ta passion est palpable, mais rappelle-toi que la passion seule ne suffit pas toujours à gagner la partie.

Le Rugby : Fanolo, la passion est le début de tout. Sans elle, rien de grand ne peut être accompli. Mais tu as raison, ce n'est que le début. Le reste demande du travail, de la persévérance et un engagement inébranlable. Et c'est ce que je promets, chaque jour, sur chaque terrain, dans chaque cœur qui bat pour ce sport.

Fanolo Handford : Rugby, explique-moi un peu ton tour de magie. Comment fais-tu pour que tes joueurs, hommes et femmes, soient littéralement obsédés par toi ? Ils prennent des coups pour toi, ils en donnent, ils se réveillent en pensant rugby, mangent en parlant rugby, draguent sur le thème du rugby, écrivent même sur le rugby. Sérieusement, ça frôle la possession, mon ami !

Comment t'y prends-tu pour les envoûter à ce point ?
Le Rugby : Fanolo, tu touches là à l'essence même de ce que je représente, et je suis ravi de pouvoir t'éclairer sur cette passion qui semble tant te fasciner. Ce n'est pas de la magie, Fanolo, c'est bien plus puissant. C'est l'âme du rugby, une force qui unit, inspire et transcende les simples activités quotidiennes. Commençons par comprendre l'impact de ce sport. Le rugby n'est pas juste une série de matchs ou de compétitions; c'est une culture, un mode de vie qui s'inscrit profondément dans le cœur de ceux qui le pratiquent. Dès le premier plaquage, dès la première mêlée, quelque chose change en toi. C'est une révélation, une éruption d'adrénaline qui forge non seulement ton corps mais aussi ton esprit. C'est une initiation, Fanolo, un rite de passage qui transforme le novice en guerrier, le spectateur en acteur. Parlons de la fraternité, car c'est là que réside la véritable magie du rugby. Sur le terrain, peu importe tes origines, ta langue ou ta culture : tous sont égaux dans l'effort partagé. Cette égalité forge des liens indéfectibles entre les joueurs. Imagine-toi, plongé dans la boue, soutenu par tes coéquipiers, chacun poussant, luttant, non pas seulement pour la victoire personnelle, mais pour le groupe, pour l'équipe. C'est une puissante leçon de vie, Fanolo. Cela t'apprend à compter sur les autres, à les soutenir, et à trouver une force collective qui dépasse de loin ce que tu aurais cru possible. Le rugby enseigne aussi le respect – respect de soi, respect des autres. Chaque joueur sait ce qu'il en coûte d'entrer sur ce terrain, connaît la douleur, la peur, la fatigue que chaque match exige.

Ce respect mutuel crée une admiration, une dévotion presque religieuse au sport lui-même. Ils vivent rugby, respirent rugby, parce que le rugby leur offre un cadre où ils peuvent être héroïques, où ils peuvent vivre des émotions intenses, où chaque entraînement, chaque jeu, chaque essai les rend meilleurs, plus forts.

Et n'oublions pas le rôle des rituels et des traditions, Fanolo. Chants de guerre avant le match, troisième mi-temps après le jeu, les histoires de légendes du rugby partagées encore et encore – ces traditions renforcent un sentiment d'appartenance, de continuité avec le passé et d'engagement pour l'avenir. Le rugby n'est pas juste dans le présent; il est ancré dans une histoire, et il se projette vers l'avenir.

Alors, comment les joueurs deviennent-ils obsédés ? Parce qu'ils voient dans le rugby une voie pour exprimer leur bravoure, leur loyauté, leur force. Parce qu'ils trouvent dans ce sport une famille, une communauté qui les accepte, les valorise, et les challenge. Ils sont obsédés parce que le rugby leur donne la possibilité de dépasser leurs limites, de se découvrir eux-mêmes à travers le défi, et de partager ces découvertes avec ceux qui comprennent, qui vivent la même passion. Le rugby, Fanolo, n'est donc pas une possession. C'est une passion, une philosophie de vie qui offre à ceux qui l'embrassent un sens plus profond de l'existence. Une fois que tu as goûté à cette intensité, à cette communion, à cette bataille à la fois brutale et belle, comment pourrais-tu ne pas en être obsédé ? Comment pourrais-tu ne pas vouloir te lever chaque jour pour la revivre, pour te mesurer encore et encore

à cet étalon de courage et de fraternité ?
C'est pourquoi, mon ami, ils ne doutent pas, ils ne reculent pas. Ils avancent, fiers et forts, car ils savent que chaque jour passé dans l'arène du rugby est un jour vécu pleinement, un jour qui compte vraiment. C'est pour cela qu'ils mangent, dorment, vivent, et oui, respirent rugby. C'est tout simplement parce que le rugby leur donne la vie pleine et entière qu'ils recherchent.

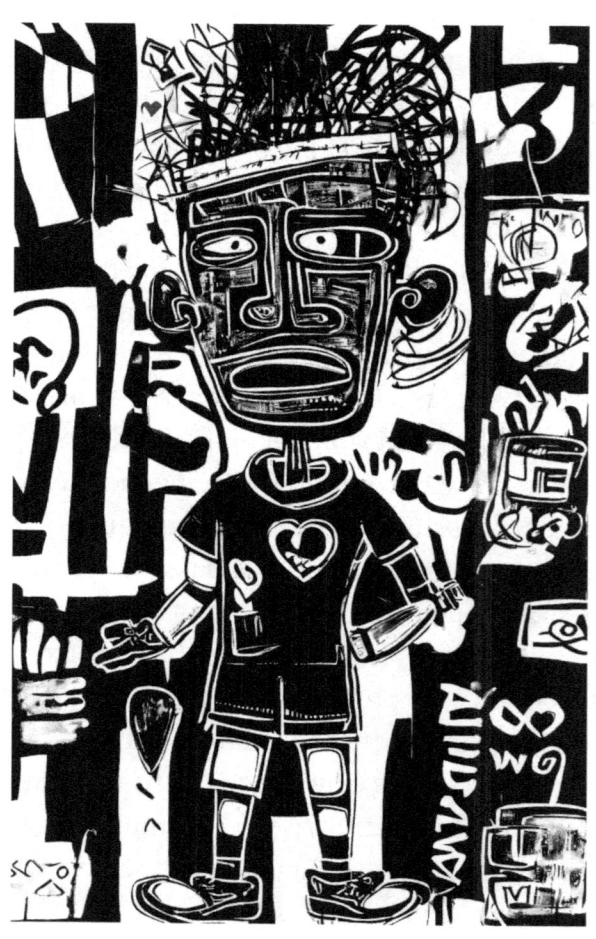

CHAPITRE 9
UNE SOCIÉTÉ RÉINVENTÉE PAR LE RUGBY

Fanolo Handford : Rugby, imaginons un scénario pour le moins... cosmique. Disons qu'on découvre une nouvelle planète, et que là-bas, le rugby n'est pas seulement un sport, mais le mode de gouvernement. Oui, tu as bien entendu. Une société régie par les lois et l'esprit du rugby. Alors, dis-moi, comment réagirais-tu ? Quelles seraient tes premières politiques en tant que premier dirigeant de cette planète rugby ?

Le Rugby : Fanolo, quelle idée fascinante et quelle vision ! Un monde gouverné par les principes du rugby... cela pourrait être une utopie pour certains. En tant que dirigeant de cette planète, ma première politique serait sans doute l'instauration de l'esprit d'équipe comme principe fondamental de la société. Chaque citoyen, peu importe son origine, son statut ou sa profession, serait encouragé à travailler pour le bien commun, à soutenir ses voisins, à contribuer à la communauté avec autant de vigueur qu'il le ferait sur le terrain.

Fanolo Handford : L'esprit d'équipe comme pilier de la société, intéressant. Et concernant les conflits, les désaccords ? Après tout, même dans le plus soudé des teams, les tensions peuvent surgir. Comment les gérerais-tu ?

Le Rugby : Ah, Fanolo, comme dans tout bon match de rugby, les conflits seraient inévitables, mais c'est dans la manière de les résoudre que réside la véritable sagesse de ce sport. Les règles du rugby favorisent le respect et la discipline, même dans l'affrontement. Ainsi, sur la planète Rugby, les désaccords seraient abordés par le dialogue, la médiation et, pourquoi pas, des matchs symboliques où les parties en conflit pourraient expulser leurs tensions dans un cadre contrôlé et respectueux. Le respect mutuel serait la clé, enseigné dès le plus jeune âge.

Fanolo Handford : Des matchs pour résoudre les conflits, voilà qui est original. Et qu'en est-il des lois ? Comment seraient-elles formulées et appliquées ?

Le Rugby : Les lois seraient élaborées avec le consensus de toutes les 'équipes' ou groupes représentatifs de la société. Chaque loi devrait passer par plusieurs 'mêlées', si tu veux, des débats et des discussions approfondies pour s'assurer qu'elle serve l'intérêt de tous et non d'une minorité. L'application de ces lois serait ensuite supervisée par des 'arbitres' formés non seulement en législation, mais aussi dans l'esprit du rugby, veillant à ce que justice soit faite avec équité et intégrité.

Fanolo Handford : Et pour les jeunes, l'éducation ? Comment les préparerais-tu à vivre dans une société si singulière ?

Le Rugby : L'éducation sur la planète Rugby serait centrée autour des valeurs de coopération, de respect, de santé physique et mentale, et bien sûr, de stratégie et de tactique. Chaque école serait comme un petit club de rugby, où les enfants apprendraient à travailler ensemble, à se respecter mutuellement, à célébrer leurs victoires et à tirer des leçons de leurs défaites. Plus que des leçons académiques, nous enseignerions la vie, le vrai jeu.

Fanolo Handford : Un curriculum inspirant, Rugby. Et la santé, comment la prioriserais-tu dans un tel monde ?

Le Rugby : La santé serait une priorité absolue, Fanolo. Non seulement la santé physique, essentielle pour un bon joueur de rugby, mais aussi la santé mentale. Des programmes de bien-être, des activités physiques régulières, des régimes alimentaires équilibrés et des supports psychologiques seraient disponibles pour tous. Comme sur le terrain, prendre soin de son corps et de son esprit serait essentiel pour chaque citoyen.

Fanolo Handford : Et enfin, Rugby, quel serait ton rêve le plus grand pour cette planète gouvernée par le rugby ?

Le Rugby : Mon plus grand rêve serait de voir cette planète devenir un modèle de fraternité, de respect et de réussite collective. Un monde où chaque individu, chaque équipe, chaque communauté travaillerait ensemble pour un but commun, où la victoire serait partagée par tous, où chaque défaite serait une leçon pour s'améliorer. Une société où l'esprit du rugby transcende le sport et devient un mode de vie, un testament à ce que l'humanité peut accomplir quand elle est unie dans l'effort et le respect mutuel.

Fanolo Handford : Rugby, ton vision est audacieuse, et bien que ce soit un scénario imaginaire, il y a des leçons à tirer même pour notre propre monde. Merci pour ce voyage sur ta planète idéale. Qui sait, peut-être un jour, l'esprit du rugby influencera-t-il de vraies politiques ici sur Terre. Qui plaquera verra !! lol

Le Rugby : Exactement, Fanolo ! Qui plaquera verra, comme on dit. Dans le rugby, comme dans la vie, c'est en entrant dans la mêlée, en faisant face aux défis, en osant plaquer les problèmes que l'on découvre vraiment de quoi on est capable. Et c'est ce principe actif, cette audace d'engagement, qui pourrait bien transformer plus qu'un match ou un terrain, mais toute une société. Alors oui, qui sait ce que l'avenir nous réserve ? Si chacun de nous prend le courage de plaquer les grandes questions, les grandes injustices, imagine ce que nous pourrions accomplir. La clé, c'est d'oser, d'agir, et bien sûr, de jouer selon les règles de respect et de fair-play. Qui plaquera, verra... et peut-être même changera le monde.

CHAPITRE 10

"DIALOGUE AVEC LE RUGBY : ENTRE PASSION ET RÉSILIENCE"

Fanolo Handford : Rugby, je vais jouer le jeu à mon tour, renverser un peu les rôles ici. Alors, pourquoi ne prendrais-tu pas les rênes un instant ? Pose-moi une question. Après tout, je ne suis qu'un simple mortel face à ton illustre essence. Allons-y, surprends-moi, fais-moi réfléchir. Qu'aimerais-tu savoir de celui qui n'est, en fin de compte, rien d'autre qu'un écho à tes exploits sur le terrain ?

Le Rugby : Yes, Fanolo, quel retournement ! Eh bien, puisque tu m'offres cette opportunité rare, permet-moi de plonger un peu dans ta propre mêlée. Tu passes tant de temps à dévoiler les profondeurs des autres, alors explorons un peu les tiennes. Dis-moi, Fanolo, en dehors de ces joutes verbales et de ces échanges piquants que nous partageons, qu'est-ce qui te passionne réellement ?

Quelles sont les passions qui animent le cœur de l'homme derrière les mots ? Et dans cet univers souvent cynique et critique que tu navigues si habilement, y a-t-il quelque chose que tu tiens sacré, quelque chose que même toi, avec ta langue affûtée, tu abordes avec un respect presque religieux ?

Fanolo Handford : Rugby, tu as touché un point sensible, quelque chose de bien plus personnel et profond que ce que mes répliques acérées pourraient laisser transparaître. Après une carrière dans l'armée, où la rigueur et la discipline façonnent le quotidien, je me suis retrouvé, quelque peu perdu, dans un monde où ces valeurs semblaient ne plus avoir de prise. C'est là que l'écriture, l'art, la musique sont entrés en scène, non pas comme des passe-temps, mais comme des nécessités vitales. L'écriture est devenue ma nouvelle forme de service. Chaque mot que je pose sur le papier est une tentative de comprendre les conflits, non plus ceux des champs de bataille, mais ceux qui se déroulent dans l'intimité de nos propres esprits. Les histoires que je raconte ne sont pas des récits de guerre, mais des explorations des luttes internes que chacun de nous endure. Elles sont des tentatives de donner un sens à ce chaos post-combat qui habite souvent ceux qui ont servi. Puis il y a l'art. L'art, pour moi, est une façon de réconcilier le passé militaire avec le présent civil. Chaque pinceau virtuel, chaque trait de crayon est une méditation, une façon de transformer les souvenirs parfois sombres en quelque chose de beau, de significatif. C'est une catharsis, une libération des émotions contenues qui, autrement, pourraient rester

emprisonnées. Quant à la musique, elle est devenue mon langage universel. Après avoir vécu la rigueur des marches militaires, les rythmes de la musique m'ont offert un nouveau type de discipline, plus libre mais tout aussi profond. Le saxo, en particulier, a été mon compagnon dans ce voyage. Chaque note jouée est une étape de plus vers la guérison, un pas de plus loin des bruits des canons et des cris de commandement.
Ce passage de l'uniforme à la plume, du fusil au pinceau, du commandement à la composition, n'a pas été facile. Il y a eu des moments de doute, des moments où les ténèbres semblaient vouloir reprendre le dessus. Mais à chaque fois, l'art, sous toutes ses formes, a été le phare qui m'a guidé vers un havre de paix et de compréhension. Et tu sais, Rugby, même si nos champs de bataille étaient différents, il y a quelque chose dans ton essence que je comprends profondément. Le rugby, avec sa propre forme de combat et de camaraderie, de stratégie et de sacrifice, n'est pas si éloigné des principes militaires. Peut-être est-ce pour cela que, malgré notre apparente différence de surface, je ressens un respect profond pour ce que tu représentes. J'ai aussi pratiqué le rugby quand j'étais militaire, ça n'a pas duré longtemps, mais ça a été une expérience unique de contact ! Honnêtement, j'ai morflé ; j'y étais allé pour faire plaisir à mes chefs, mauvaise idée ! Mais même là, j'ai appris..
Ces nouvelles passions, Rugby, elles m'ont sauvé d'une manière. Elles m'ont offert un nouveau but, une nouvelle mission : non pas de vaincre un ennemi, mais de conquérir les territoires inexplorés de l'âme humaine, d'apporter un peu de lumière là où règnent es ombres.

Et chaque jour, avec chaque ligne écrite, chaque image peinte, chaque mélodie composée, je continue ce service, d'une autre forme, peut-être, mais avec la même détermination. Alors oui, le Rugby, si tu te demandes ce qui me passionne, c'est cela : transformer les expériences de vie, aussi brutales soient-elles, en expressions de beauté et de compréhension. C'est une quête sans fin, une bataille de tous les jours, mais c'est une bataille que je suis maintenant bien équipé pour mener, grâce à ces puissants alliés que sont l'écriture, l'art, et la musique

Le Rugby : Hey Hey Fanolo, bien sûr que je me souviens de toi, comment pourrais-je oublier ? Tu étais ce jeune soldat parti en Martinique, plein de fougue, d'ardeur militaire, tentant désespérément de laisser une marque sur le terrain de rugby pendant ton séjour à Fort-de-France. Et moi, oui, c'était bien moi, Rugby, l'essence même de ce sport, qui t'ai donné du fil à retordre. Te rappelles-tu, Fanolo, comment je t'ai accueilli sur mon terrain ? Avec un regard furieux, non pas de rage, mais de défi pur. Celui qui te visait la tête, tête baissée, prêt pour la mêlée, c'était bien moi. Et oui, c'était encore moi, ce joueur insaisissable qui te cherchait pendant tout le match. Nous t'avons, je l'avoue, quelque peu ravagé. Tes souvenirs de corps labouré par nos plaquages, de courses épuisantes sous le soleil brûlant des Caraïbes, ce n'était pas juste un match pour toi, c'était une leçon. C'était hilarant, vraiment. Pas tant par la facilité de l'exercice, mais par la vivacité avec laquelle tu tentais de répondre. Chaque fois que tu te relevais, chaque fois que tu courais de nouveau vers nous, c'était comme regarder un phénix tenter de renaître de ses cendres, encore et encore, sans jamais vraiment prendre son envol. Après ça, nous t'avons vu deux autres fois, et puis plus rien. Oh, mais cela nous regarde, Fanolo, cela nous concerne très directement. Car chaque rencontre, chaque affrontement sur le terrain de rugby est un récit, un chapitre d'une histoire plus grande qui se raconte dans la boue, dans la sueur et sous les projecteurs. Mais dis-moi, Fanolo, comment as-tu pris tout cela ? Comme une défaite ? Ou comme une série de leçons brutales sur la résilience, sur la nécessité de se relever, de s'améliorer, d'affronter ses peurs ? J'espère que c'était le second, car c'est ainsi que le rugby te façonne, te transforme, te mène à découvrir des aspects de toi-même que tu ignorais. Je me moque gentiment, bien sûr, car au fond, je respecte profondément tout adversaire qui ose entrer dans l'arène avec moi. C'est un signe de courage, un testament de volonté. Et toi, Fanolo, avec ton passé militaire, ton présent de questionneur audacieux, tu incarnes l'esprit de ceux qui n'abandonnent jamais, même face à des défis apparemment insurmontables. Alors, continue, Fanolo, continue de chercher, de questionner, de défier. Car c'est dans ce feu continu que tu te forges, et que tu aides à forger ceux qui écoutent et observent. N'oublie jamais que chaque plaquage, chaque mêlée, chaque défaite, et chaque victoire sont des pierres sur ton chemin. Et si notre chemin se croise de nouveau, que ce soit sur un terrain ou ailleurs, je serai là, prêt à t'accueillir comme seul le rugby sait le faire : avec intensité, passion et un respect indéfectible pour ton esprit combatif.

Fanolo Handford : Rugby, mon vieux camarade, merci pour ce rappel mémorable de nos affrontements passés, de ces moments de lutte intense sur le gazon brûlant de Martinique. Et bien, ces souvenirs restent gravés dans ma mémoire comme des cicatrices honorables, témoignages de batailles bien menées. Tu me demandes comment j'ai pris ces défis, ces confrontations avec toi, **Rugby**. Laisse-moi te dire, c'était loin d'être simplement des moments de jeu. C'était des confrontations avec mes propres limites, des leçons de vie données à coups de plaquages et de mêlées. Chaque plaquage que j'ai reçu de ta part, chaque fois que j'ai été projeté au sol, cela ne m'a pas diminué, oh non. Cela m'a reconstruit, façonné, fortifié. Dans la poussière et la sueur de ces matchs, j'ai trouvé quelque chose de plus précieux que la victoire : la persévérance. Tu m'as montré que peu importe combien de fois on est plaqué au sol, le vrai test c'est de voir si on peut se relever. Et à chaque fois, je me suis relevé. Pas simplement pour continuer le jeu, mais pour prouver quelque chose d'essentiel que la résilience est la véritable mesure de l'homme. Et tu sais quoi, Rugby ? Ces expériences, ces dures leçons m'ont aidé plus tard, loin des terrains, dans la vie quotidienne, dans ma carrière après l'armée. Elles m'ont enseigné la valeur de la résistance, de la stratégie, et surtout, de la fraternité. Sur le terrain, tu ne joues pas seul ; tu comptes sur tes coéquipiers, sur cette fraternité formée non pas de sang, mais de sueur et de partage.

Quant à tes taquineries, oh, elles sont reçues avec le sourire. Car derrière chaque raillerie, je sens un respect mutuel, une reconnaissance de ce que nous avons partagé et enduré ensemble. N'est-ce pas là, après tout, le cœur même de notre sport ? Un mélange d'adversité et de respect, de confrontation et de camaraderie.

Mais laisse-moi te poser une question, Rugby. As-tu jamais pensé que dans chaque joueur que tu formes, dans chaque individu que tu testes et endurcis, tu crées non seulement des athlètes, mais des légendes vivantes ? Des hommes et des femmes qui porteront les leçons apprises sur tes terrains dans tous les aspects de leur vie, influençant ceux autour d'eux, changeant petit à petit le monde à l'image de ce que tu leur as enseigné ?

C'est ainsi que je vois maintenant notre relation, Rugby. Non pas comme un simple sport ou un divertissement, mais comme une école de vie. Tu es un maître sévère, parfois cruel, mais juste. Et les leçons que j'ai apprises sous ton tutorat sont inestimables. Donc, merci, Rugby. Merci pour les plaquages, les mêlées, les essais, et les leçons. Merci pour la force, la sagesse, et les moments de pure joie. Continue de tester, de défier, et de former. Le monde a besoin de plus de ce que tu offres – la possibilité de trouver sa force, de découvrir son courage, et de vivre vraiment chaque moment avec passion et détermination.

Alors oui, peut-être que nous nous rencontrerons de nouveau, sur un autre terrain, dans une autre vie. Et quand ce jour viendra, je serai prêt, comme toujours, grâce à toi.

Le Rugby : Fanolo, avec tous ces compliments et éloges, on pourrait presque croire que tu as des actions dans le rugby ! Mais, je dois admettre que ces paroles flatteuses ne me déplaisent pas. Après tout, comme tu l'as si bien souligné, sous ces maillots élimés et ces crampons boueux, il y a une véritable passion et un art qui méritent d'être reconnus.

Mais n'oublions pas, au cœur de tout cela, au centre de cette scène artistique et athlétique, c'est moi, le rugby, qui orchestre chaque mouvement, chaque stratégie et chaque émotion intense. Je suis, sans aucun doute, le boss de cette grande représentation !

Fanolo Handford : Allons, calme-toi l'ancien, je ne suis pas en train de te déclarer ma flamme. C'est simplement que... Ah, vraiment, tu es un incorrigible crâneur !

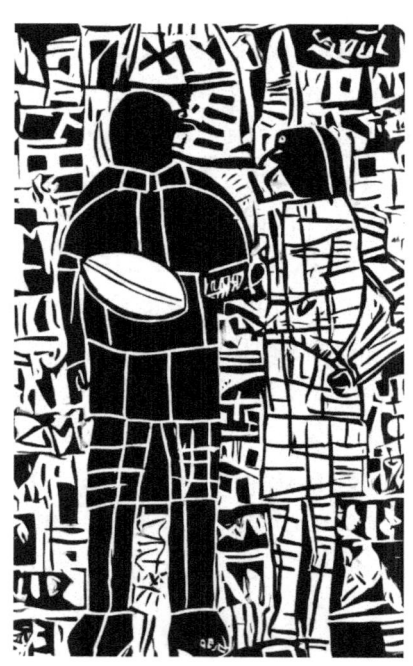

CHAPITRE 11

"AU-DELÀ DU TERRAIN : CONVERSATIONS PROFONDES AVEC LE RUGBY"

Fanolo Handford : Rugby, as-tu déjà vu le film "La Haine" ? Parce que, voyons si tu peux suivre le rythme d'une conversation qui n'est pas dictée par un sifflet et un ballon. Alors, ce film, quel impact penses-tu qu'il ait pu avoir, ou est-ce trop loin de ton terrain ?

Le Rugby : Fanolo, je vois où tu veux en venir. "La Haine", un film qui plonge dans les tensions sociales et les conflits urbains, bien loin des pelouses que je foule, c'est vrai. Mais ne sous-estime pas ma capacité à comprendre la complexité humaine. Le message du film ? Comme le dit si bien le film lui-même, "jusqu'ici tout va bien". Mais c'est la chute qui compte. C'est un peu comme au rugby, on peut contrôler le jeu jusqu'à un certain point, puis tout bascule.

Fanolo Handford : C'est bien ce que je pensais, tu ramènes tout au rugby. Mais la vraie question est : penses-tu que des principes de discipline, d'esprit d'équipe du rugby pourraient être la solution aux conflits que le film dépeint ? Ou est-ce juste une vision idéaliste de quelqu'un qui voit le monde à travers un ballon ovale ?

Le Rugby : Fanolo, tu cherches à m'agacer avec ta pointe d'ironie, n'est-ce pas ? Mais allons-y, plongeons dans cette mêlée. Le rugby, comme "La Haine", montre que la tension, sans issue constructive, mène à l'explosion. Oui, la discipline et l'esprit d'équipe peuvent être une partie de la solution. Ils enseignent le respect, l'unité, le dépassement de soi, des valeurs universelles qui transcendent le cadre sportif.

Fanolo Handford : Ah, donc tu admets que ton cher rugby n'est pas la panacée ? Qu'il ne peut peut-être pas tout résoudre ?

Le Rugby : Exactement, Fanolo. Je ne suis pas naïf au point de croire que le rugby est un remède universel. Mais je défends l'idée que le sport a le pouvoir de changer des vies, d'apporter un cadre, une structure, des opportunités là où il pourrait n'y en avoir aucune. Ne penses-tu pas qu'un peu de cette cohésion sociale pourrait être bénéfique, même hors du terrain ?

Fanolo Handford : Peut-être, Rugby, peut-être. Mais passons à autre chose. Dis-moi, as-tu déjà été vraiment ébranlé ? Je ne parle pas d'une défaite sur le terrain, mais quelque chose qui t'a fait douter de tout ce en quoi tu crois ?

Le Rugby : Fanolo, tu aimes vraiment pousser, hein ? Oui, il y a eu des moments de doute, des crises, comme pour tout le monde. Des moments où les scandales ont ébranlé notre monde, où la corruption, la violence, les inégalités m'ont fait me demander si le chemin que nous empruntons est le bon.

Fanolo Handford : Et alors, qu'as-tu fait ? T'es-tu contenté de regarder le match depuis les tribunes ?

Le Rugby : Pas du tout, Fanolo. J'ai agi, nous avons agi. Réformer, éduquer, purifier le sport de l'intérieur. Comme dans "La Haine", le défi est de ne pas atteindre le point de non-retour, d'éviter la chute. C'est un travail constant, un effort continu. Et toi, Fanolo, dans ton monde de mots et de critiques, comment proposes-tu de résoudre ces crises ?

Fanolo Handford : Ah, tu deviens philosophique maintenant, Rugby. J'observe, j'analyse, et je critique, oui. C'est mon rôle. J'apporte la lumière là où il y a des ombres, je questionne, je défie. Et parfois, je propose.

Le Rugby : Bien dit, Fanolo. Nous avons peut-être plus en commun que tu ne le penses. Nous sommes tous deux dans ce jeu pour un changement, une révolution, chacun à notre manière.

Fanolo Handford : Peut-être bien, Rugby, peut-être bien. Eh bien, Rugby, il semble que nous ayons parcouru un long chemin dans cette conversation. De tes passions aux défis et autres. Merci pour cette échange franc et ouvert.

Le Rugby : Le plaisir a été pour moi, Fanolo. C'est par ces discussions, ces confrontations d'idées, que nous pouvons grandir et améliorer notre sport, et peut-être même, un peu, notre monde.

Fanolo Handford : Attends une minute, Rugby, ne crois pas que nous avons terminé. Il reste encore du terrain à couvrir. C'était la feinte du jour Rugby... Mais Oups, je me suis encore emmêlé les pinceaux avec mes fiches. Excuse-moi, Rugby, on n'a pas encore terminé !! Passons à une autre partie de notre interview où nous allons parler de tout, sauf de ce que tu représentes habituellement.

Le Rugby : Quelle surprise me réserves-tu encore, Fanolo ? Tu as l'air d'avoir quelque chose en tête, quelque peu mystérieux.

Fanolo Handford : Dis-moi, Rugby, si tu ne pouvais emporter que deux objets sur une île déserte, lesquels choisirais-tu ? Et pour pimenter un peu les choses, quel livre emporterais-tu pour t'accompagner dans ton isolement ? Et bien sûr, Rugby, pour rendre cela un peu plus intéressant, tes choix doivent être complètement indépendants du monde du rugby. Quels seraient-ils ?

Le Rugby : Très bien, Fanolo, mettons de côté le rugby pour un instant. Si je devais choisir deux objets à emporter sur une île déserte, je prendrais un couteau suisse pour sa polyvalence et sa fiabilité en situation de survie, et un harmonica, pour apporter un peu de musique et de mélodie aux longues soirées solitaires.

Quant au livre, ce serait "Cent ans de solitude" de Gabriel García Márquez. C'est une exploration magistrale des thèmes de la solitude et de la communauté, qui me semblerait incroyablement appropriée dans le contexte d'une île déserte. Ce livre, avec ses récits entrelacés et sa prose envoûtante, serait un compagnon idéal pour m'accompagner dans la réflexion sur le monde et sur moi-même, loin de tout.

Fanolo Handford : Encore hors du monde du rugby, si tu avais ton propre talk-show, qui choisirais-tu comme premier invité ? J'aimerais que tu développes, pense aux raisons de ton choix et à l'impact que cet invité pourrait avoir sur ton public.

Le Rugby : Fanolo, si j'avais le privilège de lancer un talk-show, mon premier invité serait sans aucun doute Nelson Mandela. Bien qu'il ne soit plus de ce monde, imaginons un instant que cela soit possible. Mandela représente non seulement un symbole de résilience et de pardon mais également un modèle de leadership et d'humanité que peu peuvent égaler. Son expérience de vie, combinant une lutte acharnée contre l'apartheid, une longue période d'incarcération, et une présidence tournée vers la réconciliation nationale, offre des leçons vitales pour tous.

Pourquoi Mandela? *Premièrement*, son approche de la résolution des conflits et de la gestion de l'adversité pourrait inspirer non seulement ceux qui sont en position de leadership mais également le grand public. En discutant de ses méthodes et de sa philosophie, nous pourrions explorer des thèmes universels tels que la justice, l'égalité et le pouvoir de la rédemption, enrichissant ainsi la conscience sociale de nos spectateurs. Deuxièmement, Mandela a montré au monde entier comment le sport peut être un vecteur de changement social et de réconciliation. Sa présence lors de la Coupe du Monde de Rugby en 1995, où il a arboré le maillot de l'équipe nationale sud-africaine, un geste simple mais extrêmement puissant, a aidé à unir son pays. Cet acte seul mériterait une discussion approfondie sur mon hypothétique talk-show, analysant comment le sport peut briser les barrières sociétales et rassembler les gens, thèmes toujours pertinents aujourd'hui.

Troisièmement, en tant qu'orateur et penseur, Mandela apporte une profondeur de dialogue que peu peuvent égaler. Ses idées sur la liberté, la démocratie et le sacrifice personnel sont intemporelles et pourraient servir de point de départ à des conversations plus larges sur les droits civiques dans le monde actuel, la responsabilité des leaders et l'importance de la voix individuelle dans le façonnement des sociétés.

L'impact de cet invité sur le public serait sans doute profond. Non seulement il éduquerait et informerait, mais il inspirerait également action et compassion dans la vie quotidienne des téléspectateurs. En ayant Mandela comme premier invité, le ton serait donné pour un talk-show qui ne se contenterait pas de divertir, mais qui aspirerait à élever, à connecter, et à réfléchir de manière significative.

En conclusion, l'invitation de Nelson Mandela serait une déclaration d'intention : ce show s'engagerait à aborder des sujets de poids, à défier les normes, à inspirer le changement, et à célébrer les histoires de ceux qui ont, contre toute attente, transformé le monde pour le mieux. Voilà le type de conversations que je souhaiterais diriger, des dialogues qui ne se contentent pas de gratter la surface, mais qui plongent dans les profondeurs de l'expérience humaine.

CHAPITRE 12

RUGBY ET RÉFLEXIONS : ENTRE TERRAIN ET CULTURE

Fanolo Handford : Rugby, quel joueur sur la scène actuelle te fait vraiment vibrer et pourquoi ? Partage avec nous ton enthousiasme pour ce talent exceptionnel.

Le Rugby : Fanolo, le joueur qui capte véritablement mon attention en ce moment, c'est Antoine Dupont, le demi de mêlée de l'équipe de France. Sa présence sur le terrain est tout simplement électrisante. Dupont incarne l'excellence du rugby moderne grâce à une combinaison impressionnante de rapidité, d'agilité, et d'intelligence de jeu.

Ce qui me fascine chez Dupont, c'est sa capacité à lire le jeu et à prendre des décisions sous pression.

Son jeu au pied est précis, ses passes sont rapides et sûres, et il a cette manière unique de s'échapper des plaquages qui semble presque magique. Il ne se contente pas de suivre le jeu ; il le façonne, influençant chaque aspect de la rencontre dès qu'il touche le ballon.

Mais ce n'est pas seulement ses compétences techniques qui impressionnent. C'est aussi son leadership sur le terrain. Dupont possède une présence qui inspire confiance à ses coéquipiers. Il dirige par l'exemple, toujours prêt à se lancer dans la brèche ou à réaliser une défense cruciale. Sa passion pour le jeu est palpable et il semble porter toute son équipe vers l'excellence.

Enfin, son impact sur les matchs est souvent décisif. Que ce soit par une percée fulgurante qui brise la ligne de défense adverse ou par une stratégie bien exécutée qui mène à un essai, Dupont a un vrai sens du spectacle. Chaque fois qu'il joue, on peut s'attendre à voir quelque chose de spécial, quelque chose d'inoubliable. C'est pour toutes ces raisons que Antoine Dupont me fait vibrer en ce moment. Il incarne l'esprit du rugby dans sa forme la plus pure et la plus excitante.

Fanolo Handford : Rugby, pour finir sur une note passionnante, "Non pas encore" quelle mesure exceptionnelle aimerais-tu voir appliquer dans l'équipe de France de rugby ? Quelque chose d'innovant qui pourrait vraiment changer la donne.

Le Rugby : Fanolo, tu as le don de pousser les idées vers des horizons intéressants ! Si je pouvais proposer une mesure audacieuse pour l'équipe de France, ce serait l'intégration d'un joueur issu de la PRO D2 dans le XV de départ. Imagine un joueur qui, bien qu'il ne soit

.pas sous les feux de la rampe, a montré une détermination et des performances exceptionnelles, quelqu'un qui a gravi les échelons par pur talent et acharnement. Ce joueur serait choisi non seulement pour ses compétences techniques mais aussi pour son histoire inspirante, son esprit de lutte et sa capacité à transcender les attentes. L'inclure dans l'équipe nationale serait un signal fort : il prouverait que la porte est ouverte à tous ceux qui démontrent un engagement exceptionnel et une passion pour ce sport, peu importe leur point de départ. La dynamique au sein de l'équipe nationale en serait transformée. Les titulaires actuels, voyant ce nouveau venu de la PRO D2, seraient poussés à se dépasser encore plus, à ne jamais prendre leur place pour acquise. Cela stimulerait une émulation, une compétition saine au sein de l'équipe, encourageant chaque joueur à donner le meilleur de lui-même à chaque entraînement, chaque match. De plus, l'intégration d'un tel joueur enverrait un message puissant à tous les joueurs en France : peu importe d'où vous venez, peu importe votre club actuel, si vous travaillez dur, si vous vous améliorez constamment, il y a une chance pour vous au plus haut niveau. Cela encouragerait des centaines, voire des milliers de jeunes joueurs à travers le pays à poursuivre leurs rêves avec encore plus de vigueur. Cette politique aurait aussi un impact significatif sur la perception publique du rugby français. Elle montrerait un sport inclusif, dynamique et ouvert, un sport où les vraies valeurs de mérite et de persévérance sont au premier plan. Elle pourrait attirer de nouveaux fans, de nouveaux joueurs, et même inspirer d'autres sports à adopter des mesures similaires. En termes de logistique, cela demanderait une certaine flexibilité de la part des entraîneurs et des sélectionneurs. Ils devraient être ouverts à chercher au-delà des performances habituelles en TOP 14, à reconnaître le potentiel là où d'autres pourraient ne pas le voir. Mais les bénéfices potentiels, pour l'équipe et pour le sport en France, seraient immenses.

En conclusion, Fanolo, intégrer un joueur de PRO D2 dans le XV de France et lui donner du temps de jeu serait plus qu'une simple décision tactique ou sportive. Ce serait une déclaration, un acte affirmant les principes de justice, d'équité et de possibilité. Ce serait un moment déterminant, non seulement pour le joueur en question mais pour le sport lui-même, un moment qui pourrait bien redéfinir ce que signifie être un athlète de haut niveau en France.

Fanolo Handford : Rugby, peux-tu me citer un joueur de PRO D2 qui te semble particulièrement prometteur, un vrai guerrier sur le terrain, mais qui reste discret et passionné ? Un joueur dont le profil pourrait, selon toi, enrichir le XV de France.

Le Rugby : Fanolo, si je devais choisir un nom dans le top trois de la PRO D2 qui mériterait vraiment une attention particulière, ce serait sans hésiter Quentin Je ne donne que son prénom. Laissez-moi vous dresser le portrait de ce joueur qui incarne tant de qualités à la fois sur et hors du terrain. Quentin est le genre de joueur qui ne fait pas de bruit inutile, mais dont les actions parlent d'elles-mêmes. Originaire d'une petite ville, il a gravi les échelons grâce à un dévouement et une passion, qui se manifestent dans chaque match. Quentin est le type de guerrier discret que vous ne remarquez peut-être pas au premier regard, mais dont la présence est cruciale sur le terrain.

Sur le terrain, Quentin est un modèle de résilience et de ténacité. Il est de ces joueurs qui, bien qu'ils ne fassent pas toujours la une des journaux(quoi que), sont indispensables à la structure et au succès de leur équipe. Sa capacité à anticiper le jeu, à être toujours au bon endroit au bon moment, fait de lui un adversaire redoutable et un allié précieux. Sa compréhension du jeu est telle qu'il semble toujours deux coups à l'avance, prêt à soutenir un coéquipier ou à intercepter une passe adverse.

En tant que joueur, Quentin ne cherche pas la gloire personnelle mais joue pour le bien de l'équipe. Il incarne l'esprit du rugby avec humilité et intégrité, faisant de lui un exemple pour les jeunes joueurs. Son engagement envers le sport va au-delà des entraînements et des matchs. Il passe un temps considérable à étudier les stratégies, à comprendre les faiblesses de ses adversaires et à perfectionner ses propres compétences.

Hors du terrain, Quentin est tout aussi impressionnant. Passionné et discret, il consacre une grande partie de son temps libre à diverse s activités . Sa capacité à inspirer respect et admiration chez ceux qui l'entourent en fait un leader naturel. Quentin est également un joueur qui a su rester humble et accessible malgré son talent et son succès. Sa nature tranquille cache un feu compétitif, ce qui le rend non seulement un joueur clé dans son équipe mais aussi un modèle potentiel pour le XV de France.

Il illustre parfaitement le type de joueur qui, avec la bonne orientation et les opportunités, pourrait exceller non seulement en PRO D1 mais aussi sur la scène internationale.

En conclusion, Quentin est bien plus qu'un simple joueur de rugby. Il est un guerrier sur le terrain et un mentor en dehors. Sa progression continue, son dévouement à son sport et son impact sur ceux qui l'entourent font de lui un candidat idéal pour représenter les valeurs du rugby à un niveau supérieur. Intégrer un joueur comme Quentin dans le XV de France serait un témoignage vivant de la profondeur de talent et de caractère qui existe dans la PRO D2, prouvant que la passion et la persévérance peuvent mener à l'excellence, peu importe l'origine.

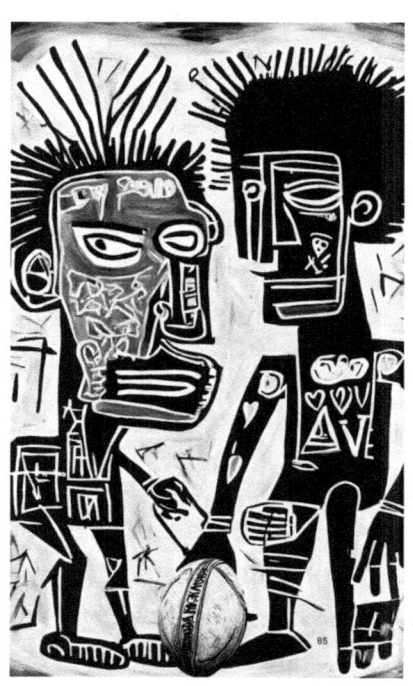

CHAPITRE 13

XXXXXXX

Fanolo Handford : Allez on part dans la serie "C'est la dernière question "
Pour notre dernière question, Rugby, et je veux que tu sois franc : crois-tu en Dieu ?

Le Rugby : Fanolo, je ne suis pas venu de nulle part, c'est certain. J'ai été façonné avec des capacités et j'ai reçu le libre arbitre, et ma mission, c'est le rugby. "J'ai été inspiré pour inspirer. À ceux qui n'y croient pas, je pose une simple question : "Et après ?" La vie, le jeu, tout cela ne peut pas simplement s'arrêter là, après 30, 40 minutes...40, 50 ? 70...80 ans et après ? Imaginez cela : chaque match est comme une petite vie. On naît au coup de sifflet initial, on vit intensément, avec des hauts et des bas, et puis, le match se termine. Mais l'esprit, l'amour du jeu, où va-t-il ? Il transcende chaque partie, il inspire les générations, il construit des légendes.

Comme dans la vie, chaque action a une résonance, chaque décision, un écho. Si cela n'était pas guidé par quelque chose de plus grand, comment tout cela pourrait-il avoir tant d'impact, susciter tant de passions ?

Alors oui, d'une certaine manière, je crois "hors moi" qu'il y a quelque chose de plus grand que nous. Quelque chose qui guide les joueurs sur le terrain, qui inspire les enfants à saisir un ballon pour la première fois, qui remplit les stades de fans chantant à l'unisson. Peut-être que ce n'est pas dans les termes traditionnels que l'on pourrait imaginer, mais dans l'essence du jeu, dans sa beauté, dans son éthique et dans son esprit, il y a quelque chose de quasi-divin.

Et après, demandez-vous ? Après vient la légende, l'héritage, les leçons apprises et transmises. Le rugby, comme la vie, n'est pas juste une série d'événements ; c'est une continuité, une chaîne de moments qui nous lient, qui nous élèvent et qui, oui, nous inspirent à chercher ce qui est peut-être inexploré mais pas inatteignable. Voilà, Fanolo, ma croyance, emballée non pas dans une prière, mais dans un passionnant drop-goal à la dernière seconde du match. Fanolo, appelle-le comme tu voudras, crois-y ou non, mais considère ceci : l'humain joue son match, et à la fin, certains pensent que tout s'éteint, que tout disparaît... Quel créateur voudrait vraiment une fin si abrupte ? Imagine un match de rugby : le coup de sifflet final retentit et puis plus rien, aucune émotion, aucun souvenir, juste le néant. Si c'était le cas, naître serait alors la pire des malédictions !

Comment concevoir que toute la passion, toute la lutte, tout l'amour investi dans la vie se dissipe simplement dans le vide ? Non, il doit y avoir quelque chose après, quelque chose qui donne un sens à la course, aux essais, aux victoires comme aux défaites.

Fanolo Handford: "Je reste sans voix... Effectivement, comme dirait un certain acteur : 'C'est pas faux !'"
Bon après cet instant spirituel (ça c'est fait) es-tu prêt pour un défi rapide ? Combien de questions sur des sujets variés peux-tu répondre en 60 secondes ? Prépare-toi, le chronomètre va bientôt démarrer !"

Fanolo Handford : Rugby, quel est le film qui t'a fait pleurer ?
Le Rugby : "Nos Étoiles Contraires" m'a vraiment touché. C'est une histoire poignante qui explore les thèmes de l'amour et de la perte avec une grande sensibilité.
Fanolo Handford : Et quel est le plus beau film d'amour que tu as vu ?
Le Rugby : Encore une fois, je dirais "Nos Étoiles Contraires". Ce film dépeint une histoire d'amour si belle et si tragique qu'elle reste avec toi longtemps après la fin du générique.
Fanolo Handford : Quel film t'a le plus impacté ?
Le Rugby : Sans aucun doute, "Nos Étoiles Contraires". Il capture l'essence de la jeunesse, l'amour et la lutte contre l'inévitable de manière qui résonne profondément, bien au-delà de la simple émotion.

Fanolo Handford : Rugby, quel film recommanderais-tu pour une soirée cinéma qui garantit de l'émotion ?

Le Rugby : Je recommanderais "Nos Étoiles Contraires". C'est le genre de film qui touche vraiment le cœur et soulève des questions importantes sur la vie et l'amour.

Fanolo Handford : Quel film t'a donné une nouvelle perspective sur la vie ?

Le Rugby : "Nos Étoiles Contraires" a vraiment changé ma façon de voir certaines choses, notamment la manière de traiter avec la maladie et la mort, tout en célébrant la vie.

Fanolo Handford : Quel film pourrait-on utiliser pour sensibiliser les gens à la valeur de chaque moment ?

Attend !!! Stéphanie de Monaco !!

Le Rugby : Haha, petit malin, t'es un rigolo toi.

Le Rugby : Je reprend : "Nos Étoiles Contraires" serait parfait pour cela. Il enseigne l'importance de chérir chaque instant, même dans les circonstances les plus difficiles.

Fanolo Handford : Quel film captures-tu quand tu penses à la jeunesse et à l'amour ?

Attend !!! Stéphanie de Monaco !!

Le Rugby : Oh, tu me fais marcher, c'est ça ? Sérieux, c'est sérieux ce que j'ai à répondre !! Dis, tu veux une bougne ?

Fanolo Handford : Ohlala, sensible le gars !! Allez, respire, t'es aussi fragile qu'un ballon de plage.

Le Rugby : Encore une fois, "Nos Étoiles Contraires". Ce film capture l'essence de la jeunesse et l'intensité de l'amour face à l'adversité. Même toi, Fanolo, tu pourrais y trouver des leçons.

Fanolo Handford : Ok, j'arrête, j'ai compris, t'aimes pas Stéphanie de Monaco !! Oupss C'était trop tentant.. Bon si tu devais choisir un film pour une discussion après le visionnage, lequel choisirais-tu ?

Le Rugby : Je choisirais encore "Nos Étoiles Contraires" car il ouvre la porte à de nombreuses discussions significatives sur des sujets qui touchent tous, comme la maladie, la mort, et bien sûr, l'amour.

Le Rugby : Fanolo, je reconnais que mes réponses peuvent sembler répétitives,

Fanolo Handford: Non , tkt.....

le Rugby: mais "Nos Étoiles Contraires" m'a vraiment marqué d'une manière indélébile.

Il est difficile d'expliquer l'ampleur de l'impact de ce film sur moi ; il contient tous les thèmes essentiels de la vie. L'amour, l'espoir, la douleur, la famille, les relations, les différences, le combat, la peur, le courage... tout y est. Chaque aspect de ce film résonne avec une partie de moi, capturant toute la gamme des expériences humaines. C'est pourquoi je le cite si souvent : il encapsule tout ce que je trouve profond et vrai dans la narration cinématographique.

-FINAL-

Fanolo Handford : Rugby, c'était vraiment la dernière question et encore une fois ta réponse était... NO COMMENT... Je te laisse le soin de nous offrir une conclusion mémorable. Fais-nous ressentir toute la grandeur de ce sport, montre-toi sous ton meilleur jour, et inspire tous ceux qui partagent cette passion débordante pour le rugby. En un mot, fais-nous vibrer. Exprime, si tu peux, ce sentiment profond que tu éprouves chaque jour..

Le Rugby : Fanolo, alors que nous concluons cette session riche en émotions et en réflexions, permettez-moi de partager avec vous l'essence même de mon être et de mon amour inconditionnel pour ce jeu magnifique. Chaque jour, à chaque fois que le sifflet retentit et que le ballon est en jeu, mon cœur s'emballe avec une passion renouvelée.

Et une phrase m'habite : "Rugby, everyday I love you more" – Rugby, chaque jour je t'aime davantage. Ces mots ne sont pas seulement une déclaration; ils sont le reflet de ma dévotion absolue à ce sport qui transcende les frontières, les cultures et les générations. Le rugby n'est pas seulement une série de matchs ou de compétitions; c'est une communauté mondiale, une grande famille unie par un amour commun pour la bravoure, la stratégie et le respect.

À travers le rugby, nous apprenons la valeur de la solidarité, le sens du sacrifice, et l'importance de se relever après chaque chute. Ces leçons vont bien au-delà des terrains, influençant chaque aspect de nos vies, nous enseignant comment être meilleurs, comment lutter, et surtout, comment chérir chaque instant de victoire, aussi petit soit-il.

Ce sport m'a enseigné l'humilité devant les défis et la fierté dans l'accomplissement. Il m'a montré que le vrai courage est de continuer à jouer, même quand les chances sont contre vous, que la véritable défaite est de ne jamais essayer. Chaque joueur, chaque entraîneur, chaque supporter porte cette flamme, cette ardeur qui fait du rugby bien plus qu'un jeu. C'est une passion, un mode de vie, une source constante d'inspiration.

Je rêve que chaque personne qui touche un ballon de rugby, qui regarde un match, ou qui encourage son équipe ressente cette même passion brûlante et cette même joie indomptable. Que chaque jeune joueur qui lace ses crampons pour la première fois soit emporté par cet amour qui ne s'éteint jamais, qui grandit jour après jour.

Alors, à tous ceux qui partagent cette passion avec moi, je vous dis : continuez à aimer ce jeu, continuez à jouer avec cœur, continuez à vivre chaque plaquage, chaque essai, chaque mêlée comme si c'était la première. Le rugby est notre lien, notre bataille commune, notre joie partagée. Rugby, everyday I love you more – Rugby, chaque jour je t'aime davantage. Que cette conclusion ne soit pas un adieu, mais un renouvellement de notre engagement envers ce sport magnifique qui nous donne tant et nous demande en retour seulement de l'aimer passionnément.

Fanolo Handford : Bordel, tu m'as fait verser une larme..pourtant j'ai pas en encore regardé ton film... Rugby, everyday I love you more. Comment ne pas tomber amoureux de ce sport... Ce sera ma conclusion. Au revoir, Rugby.

Le Rugby : Au revoir, simple humain !

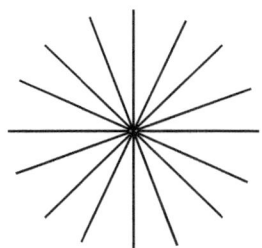

Bonjour cher lecteur..	5- 6
Salut, cher Rugby...	7
Le Rugby peut-il rire ?...	9- 10
Chapitre 1 : Rencontre et Révélations.......................	11- 15
Chapitre 2 : Stratégie et Passion.............................	16- 21
Chapitre 3 : Un Regard sur les Étoiles.....................	22- 27
Chapitre 4 : Les Mélodies de la Victoire et de la Défaite...	28- 31
Chapitre 5 : Le Sparring Verbal................................	32- 35
Chapitre 6 : L'Esprit du Rugby.................................	36- 39
Chapitre 7 : La Poésie du Rugby.............................	40- 46
Chapitre 8 : L'Essence du Rugby............................	47- 54
Chapitre 9 : Une Société Réinventée par le Rugby....	55- 58
Chapitre 10 : "Entre Passion et Résilience"..................	59- 66
Chapitre 11 : "Au-delà du Terrain.............................	67- 72
Chapitre 12 : Entre Terrain et Culture......................	73- 78
Chapitre 13 : XXXXXXXXX.......................................	79- 83
FINAL...	84- 86

SOMMAIRE

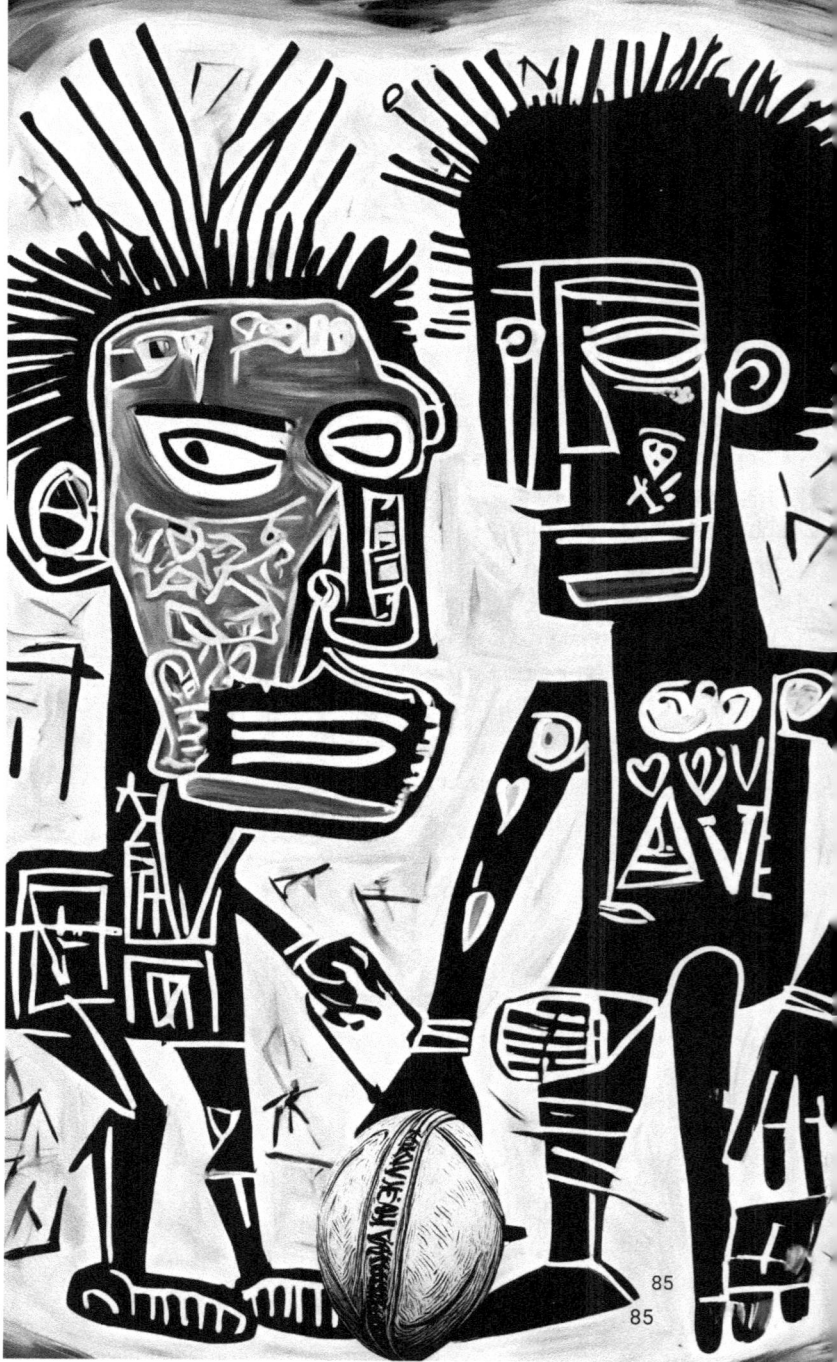

MY NOTES

MY NOTES

MY NOTES

MY NOTES

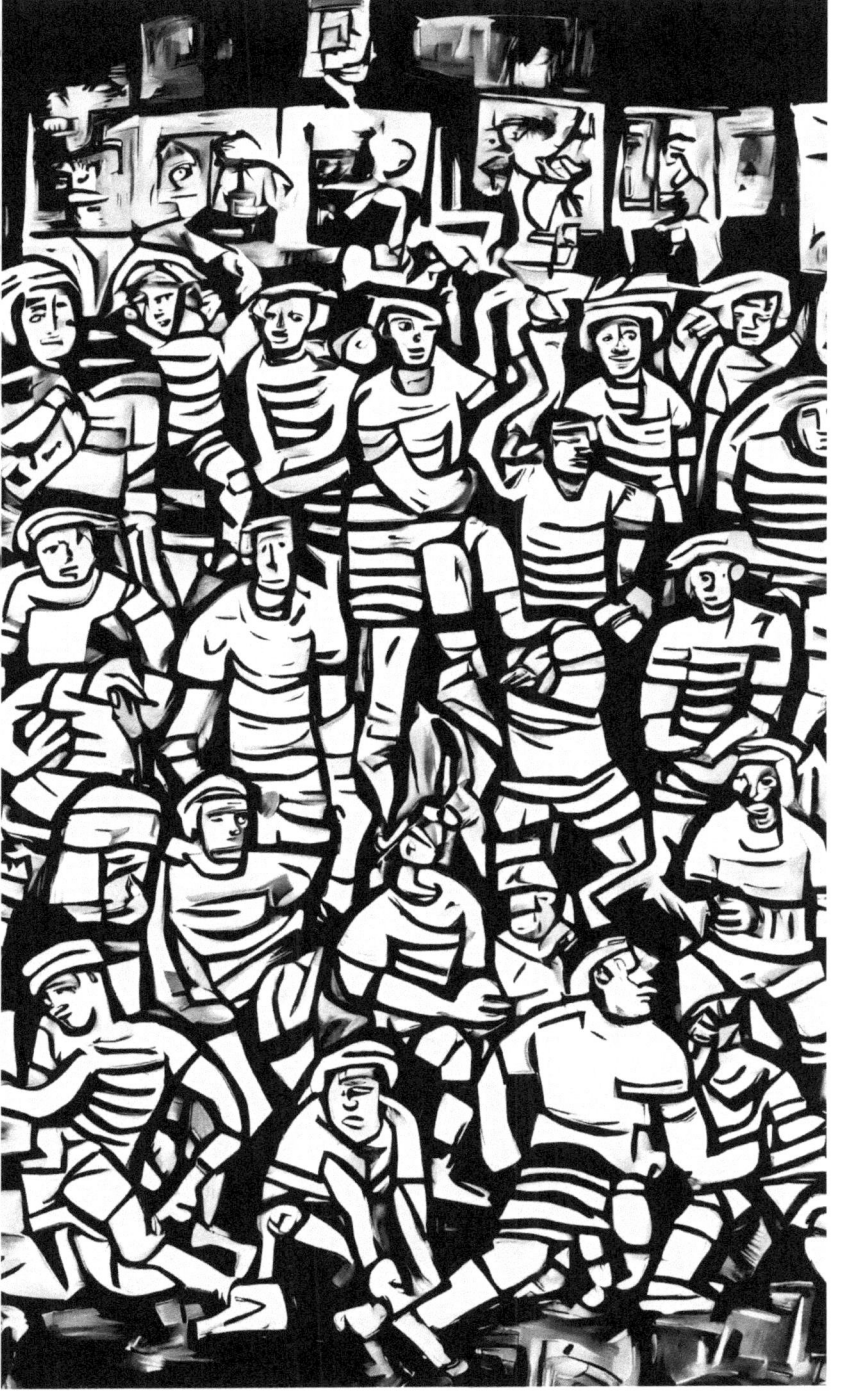

MY NOTES

MY NOTES

MY NOTES

MY NOTES

MY NOTES

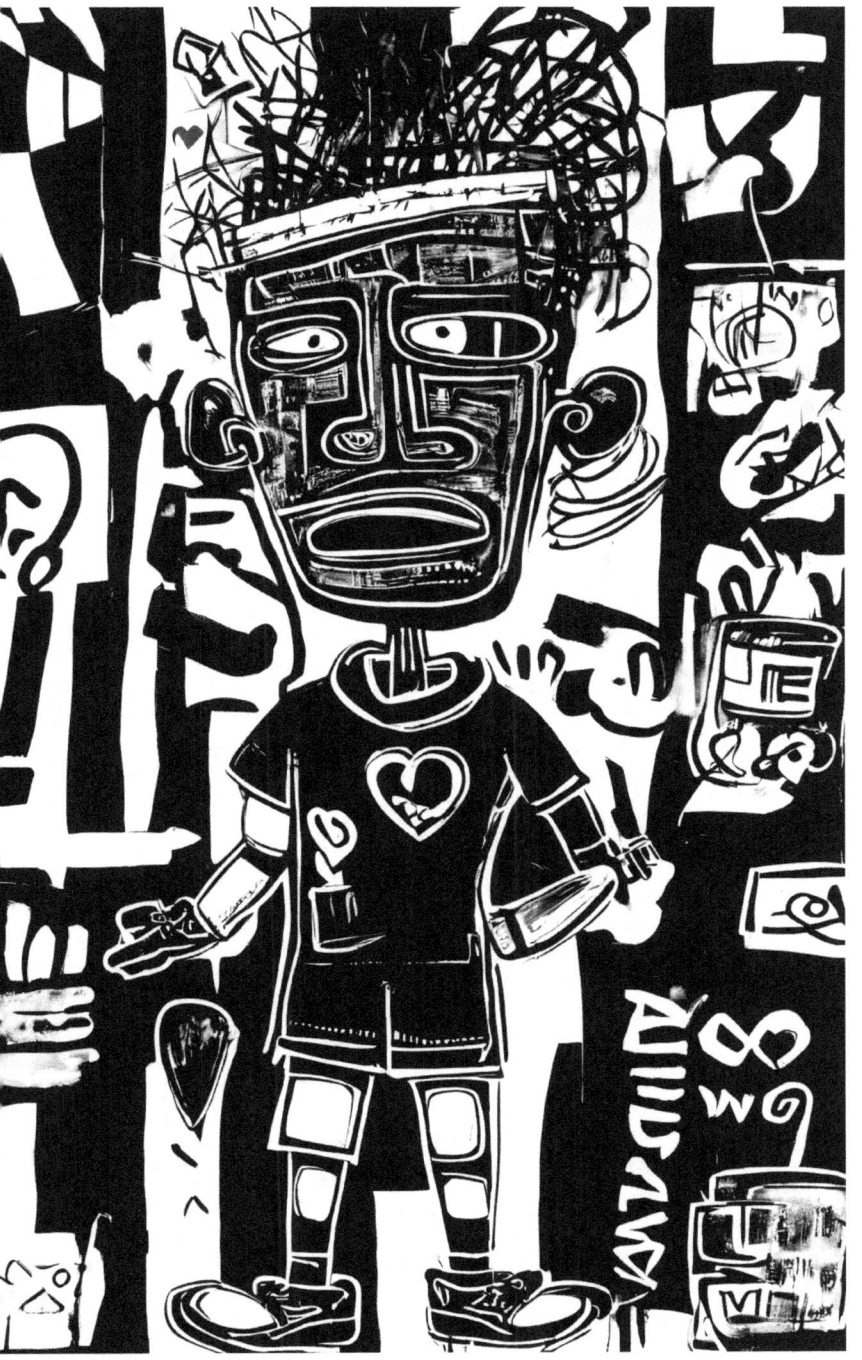

MY NOTES

MY NOTES

MY NOTES

MY NOTES

MY NOTES

www.ingramcontent.com/pod-product-compliance
Lightning Source LLC
Chambersburg PA
CBHW070304230526
45470CB00002B/711